POLYGLOTT on tour

Nordspanische Atlantikküste

Tobias Büscher

Special

Flaggschiff der Avantgarde Seite 6
Sand, Klippen und Rías Seite 8
Im Zeichen der Muschel Seite 10

Allgemeines

Gipfel und Strände Seite 12
Geschichte im Überblick Seite 17
Kultur gestern und heute Seite 19
Aus Küche und Keller Seite 24
Urlaub aktiv Seite 27
Unterkunft Seite 28
Reisewege und Verkehrsmittel Seite 30
Infos von A–Z Seite 100
Mini-Dolmetscher Seite 102
Register Seite 104
Die wichtigsten Sehenswürdigkeiten Seite 108

Städtebeschreibungen

**Donostia/San Sebastían –
Belle Époque auf Baskisch** Seite 31

Für ein Internationales Filmfestival genau der richtige Ort: Kulissen aus der Jahrhundertwende, Köstlichkeiten baskischer Starköche und eine Strandpromenade, wie man sie am Mittelmeer vergeblich sucht.

**Santander – Der bescheidene Charme
Kantabriens** Seite 37

Auch hier ein Hauch von Belle Époque. Doch der Reiz der kantabrischen Hauptstadt zeigt sich weniger an Äußerlichkeiten: Santander sagen Spanier außergewöhnlich viel Lebensqualität nach.

A Coruña – Galiciens gläserne Stadt   Seite 42

Lichte Glasveranden an der Hafenpromenade, ein legendärer Leuchtturm als Wahrzeichen, eine heroische Fleischersfrau als Piratenschreck – all das ist nichts gegen die herrliche Lage der strahlend weißen Stadt am Atlantik.

Santiago de Compostela – ein Traum aus Granit   Seite 47

Ein Wallfahrtsziel mit Atmosphäre und Tradition. Nicht nur die Kathedrale mit ihrem berühmten Pórtico de la Gloria, sondern die gesamte Altstadt gilt als Weltkulturerbe. Da nimmt man den sprichwörtlichen Regen kaum noch wahr...

Touren

Tour 1

Wellen, Wein und Wallfahrt   Seite 53

Eine Fahrt durch das Baskenland, Navarra und La Rioja ist eine Entdeckungsreise durch grüne Täler, urige Bodegas und zu figurenreichen romanischen Portalen.

Tour 2

Bergspitzen und Seebäder   Seite 68

Prähistorische Höhlen, kleine Sandbuchten und die schneebedeckten Gipfel der Picos de Europa: Abwechslung zeichnet Kantabriens Panorama aus.

Tour 3

Apfelwein und einsame Buchten   Seite 73

Asturien ist die Wiege der spanischen Monarchie; um Oviedo bilden königliche Bauten und Industrieanlagen Kontraste.

| Tour 4 | **Von den Rías Altas ans Ende der Welt** | Seite 81 |

Stille Buchten, bodenständige Fischrestaurants und farbenfrohe Keramik belohnen die Reise ins nördliche Galicien.

| Tour 5 | **Die Rías Baixas und das Hinterland** | Seite 87 |

Die längsten Maisspeicher, die schönsten Landhäuser, der beste Weißwein Nordspaniens erwarten Sie in Galicien.

Rechts: Wegen seiner verglasten Balkone wird A Coruña »Ciudad de Cristal« (Kristallstadt) genannt

Bildnachweis

Archiv für Kunst und Geschichte, Berlin: 69-2; Tobias Büscher: 1, 2-2, 5, 8/9(Fond), 11, 13-2, 19, 32-1, 32-2, 38, 43, 49-2, 53, 54, 56, 58-1, 59-1, 61, 66, 68, 69-1, 75-2, 79-1, 79-2, 80, 82-1, 84, 89, 92, 94, 95, 96, 98; Werner Dieterich: 34, Umschlagrückseite (unten); Ralf Freyer: 8; Ibero Tours GmbH: 29-1; Gerold Jung: 2-1, 48, 49-1, 63, 82-2; laif/ Miquel Gonzales: 6, 6/7 (Fond); Dirk Renckhoff: 7, 10, 10/11 (Fond); Jo Scholten: 13-1, 15-1, 15-2, 25, 26, 27, 29-2, 55, 58-2, 59-2, 60, 64, 74-1, 74-2, 75-1, 77, Umschlagrückseite (oben); Hubert Stadler: 9; Titelbild: Bildagentur Huber/ Gräfenhain

Special
Guggenheim-Museum

Manchmal glänzt die Verpackung mehr als der Inhalt. Das Guggenheim-Museum in Bilbao jedenfalls hat Architekturkritiker so fasziniert, dass sie vom bedeutendsten Bauwerk des 20. Jhs. sprachen, von einer »Choreographie der Volumen«. Das am 18. Oktober 1997 eröffnete Museum wirkt wie ein gestrandetes Raumschiff aus einer fernen Galaxie, manche sehen es auch als Blume aus Metall. Es hat die baskische Metropole europaweit in die erste Riege der Kunstmuseen katapultiert und ihr Image als graue, langweilige Industriestadt gründlich korrigiert.

Flaggschiff der Avantgarde

Das Haus

Wie das von Frank Lloyd Wright in New York entworfene Museum gleichen Namens stellt auch das Guggenheim-Museum in Bilbao eine Bauplastik der Extraklasse dar. Mit den Materialien Glas, Stahl, Kalkstein und Titan gelang Frank O. Gehry am Ufer des Nervión ein asymmetrisches Glanzstück. Der Architekt bediente sich beim Entwurf eines Computerprogramms aus der Raumfahrt, um die gekrümmten Oberflächen bis auf den Millimeter genau berechnen zu können. Die jüngste Filiale der Guggenheimstiftung war das Anschubprojekt für eine ehrgeizige Stadterneuerung. Denn im selben Zug erneuerte Stararchitekt Santiago Calatrava den Flughafen, Federico Soirano baute den Kongresspalast und Sir Norman Foster schuf die futuristisch anmutende U-Bahn. Die Hauptsache, das Guggenheim-Museum, ließen die Stadtplaner auf einem 4,2 ha großen Gelände mitten im Zentrum bauen. Seine mit Titan überzogene Oberfläche reflektiert den Fluss, die nahe Altstadt und die umliegenden grünen Hügel des Baskenlands.

■ **Adresse:** Avenida Abandoibarra 2, 48001 Bilbao (Metrostation: Moyúa)
■ **Öffnungszeiten:** Di–So 10.20 Uhr, Mo geschl.; Juli/August tgl. 9–21 Uhr
■ **Eintrittspreise:** Erwachsene 7 €, Kinder, Rentner und Studenten 3,5 €
■ **Führungen:** Di–So 11, 12.30, 16.30 und 18.30 Uhr (auf Englisch und Spanisch)
■ **Internet:** www.guggenheim-bilbao.es

Übernachten und speisen

■ Vom Hotel **Indautxu** an der Plaza Bombero Etxaniz s/n ist man in 10 Minuten beim Guggenheim-Museum. Komfortables, elegantes Ambiente. Tel. 944 21 11 98, Fax 944 22 13 31, www.hotelindautxu.com. ○○○
■ Gourmets werden im nah am Parque de Doña Casilda de Iturrizar gelegenen **Restaurante Ama-Lurre** an der Máximo Aguirre 1 mit einer kreativen Küche verwöhnt; Tel. 944 23 71 50. ○○

Der Architekt

Frank O. Gehry gehört spätestens seit seinem Wurf in Bilbao zu den namhaftesten Architekten der Welt. 1929 im kalifornischen Toronto geboren, studierte er zunächst an der University of Southern California in Los Angeles und in Harvard. Seine Gebäude wirken wie erstarrte Bewegungen, ob das Stuhlmuseum in Weil am Rhein, das American Center in Paris oder eben das Guggenheim-Museum in Bilbao. Seine Ideen, meinte Gehry einmal, würden entstehen, indem er Bauklötze in der Hand drehe, um die räumliche Wirkung zu testen.

> **Tipp** Einen guten Einblick in die spannende Entstehungsphase des Projekts vermittelt das Buch **Guggenheim Museum** von Frank O. Gehry, 208 Seiten, mehr als 200 Farbbilder und Grundrisse (Hatje Cantz Verlag 1997; 39,88 €).

Die Ausstellung

Auf drei Ebenen von über 24 000 m² sind neben Marc Chagall, Henri Matisse und Paul Klee viele spanische Maler ausgestellt, darunter Salvador Dalí, Joan Miró und Juan Gris. Ein Teil der Kollektion ist in einem spektakulären 130 m langen Galerieschlauch untergebracht.

Die Sammlung geht auf den Mäzen Solomon R. Guggenheim zurück, der vor allem zeitgenössische Kunst ab 1960 sammelte. Neben der Dauerausstellung gibt es zahlreiche Sonderschauen, über die brandaktuell das Internet informiert.

> **Tipp** Gut 2000 Titel über die moderne Kunst in verschiedenen Sprachen, Ohrringe und Armreife so glitzernd wie das Gebäude, T-Shirts und handbemalte Keramiktassen finden sich im abwechslungsreichen Sortiment des **Museumsshops;** dazu liegen hervorragende Kataloge aus.

Special
Strände

Zugegeben, am spanischen Mittelmeer ist das Wasser wärmer – dafür sind die Atlantikstrände sehr abwechslungsreich: Es gibt stille Buchten für Individualisten und urbane, saubere Playas für Stadtbesucher. Ausgewählte Sandstrände sind für die Nudisten reserviert, und Surfer zieht es dorthin, wo die Brandung schäumend rollt. An kaum einem Strand steht ein Bettenbunker, und so ist wirkliches Naturerlebnis garantiert.

Tipp Strände im Netz: Per Internet lassen sich die schönsten Strände schon vor dem Besuch auf dem Bildschirm ansehen: www.esplaya.com.

Sand, Klippen und Rías

Die Top Five unter den Badeplätzen

▌ Der muschelförmige feinsandige und überaus saubere Stadtstrand Donostias (San Sebastiáns), **La Concha,** ist vor allem im August ein Genuss. Jugendstilbauten bilden eine reizvolle Kulisse für eine erfrischende Abkühlung.
▌ In dem schönen Urlaubsort **Castro Urdiales** an der kantabrischen Küste badet man mit Blick auf die gotische Marienkirche und die Tempelritterburg.
▌ Rund um den kunterbunten Fischerort **Cudillero** an Asturiens »grüner Küste« (Costa Verde) finden sich einige hübsche Buchten, darunter die 3 km östlich gelegene Playa de Aguilar (»Adlerstrand«).
▌ 2,5 km westlich vom galicischen Ribadeo nahe der asturischen Grenze taucht das Schild Playa Os Castros auf. Es führt zu Galiciens berühmter **Playa as Catedrais** (span. Playa de los Catedrales). Bei Ebbe wirken die frei stehenden Felssäulen tatsächlich wie Säulen einer gotischen »Kathedrale«.
▌ Die verschwiegenen Buchten der **Morrazo-Halbinsel** im Westen Galiciens gelten als Geheimtipp; das Meer ist dort vergleichsweise warm. Außerhalb der Ferien und an Werktagen sind die grobsandigen, sauberen Buchten oft menschenleer.

Flaggen

Die Strandaufsicht hisst an bewachten Buchten die **grüne Flagge,** wenn Baden ohne Gefahr möglich ist. **Gelb** bedeutet Vorsicht für unerfahrene Schwimmer, **Rot** absolutes Badeverbot. Die **blauen Flaggen** wiederum zeichnen besonders saubere Strände mit einwandfreier Infrastruktur aus. Zu ihnen gehören der Sardinero-Strand der kantabrischen Hauptstadt Santander genauso wie die Strände des Badeorts Sanxenxo an der südgalicischen Küste (Liste unter www.blueflag.org).

Die besten Surfplätze

An der Atlantikküste liegen manche Surfspots, die vor allem erfahrene Surfer anlocken. Attraktive Wellen gibt es im baskischen **Zarautz**, im kantabrischen **Las Salinas** und im asturischen **Tapia de Casariego**. Anfänger sind dagegen an den sanfteren Buchten Südgaliciens besser aufgehoben, wo sich der Atlantik wesentlich zahmer gibt.

Schulen für Wassersport:

▌ **Raz surfcamp,** Strand von Razo, Tel. 659 38 13 00, www.razsurfcamp.com. Schule am galicischen Surferparadies zwischen Malpica und A Coruña.
▌ **Club Nautico La Horadada,** Av. Reina Victoria s/n, Playa Magdalena in Santander, Tel. 942 28 04 02. Tauchen und Segeln.
▌ **Surf Pukas,** Lizardi 9, im baskischen Zarautz, Tel. 943 89 06 36. Olatu@facilnet.es. Surfkurse auch für Kinder ab 8 Jahren.

FKK

Nacktbaden ist in Spanien zwar nicht gern gesehen, dafür gibt es aber viele für Nudisten vorgesehene Buchten und Strände. Beliebt sind die feinsandigen, sauberen galicischen **Playas Pragueira** und **Bascuas** bei Portonovo/Sanxenxo und die kantabrische Strandbucht **Playa Arenillas** beim gleichnamigen Campingplatz westlich von Castro Urdiales.

Tipp Wissenswertes über alle nordspanischen FKK-Strände, ihre genaue Lage sowie die Wasser- und Sandqualität erfährt man im Internet (auf Spanisch und Englisch) unter www.lugaresnaturistas.org.

Special
Jakobsweg

Jährlich nehmen Tausende Pilger den weiten Weg auf sich, um gut und gerne sechs Wochen lang von den Pyrenäen zum 800 km entfernten Santiago de Compostela zu wandern. Doch auch wer nur ein oder zwei Wochen Zeit hat und nicht religiös motiviert ist, kann mit dem Auto, dem Fahrrad oder auch einer Reisegesellschaft einen schönen Abschnitt des Weges kennen lernen, der für Spanien von enormer kultureller Bedeutung ist und unterschiedliche Landschaften durchquert.

> **Tipp** Zur Einstimmung empfehlen sich Paulo Coelho, **Auf dem Jakobsweg. Tagebuch einer Pilgerreise nach Santiago de Compostela** (Diogenes), und Cees Nooteboom, **Der Umweg nach Santiago** (Suhrkamp). Für die konkrete Planung hilfreich: **Wandern auf dem Spanischen Jakobsweg** von Dietrich Höllhuber (Dumont).

Im Zeichen der Muschel

Durch wildromantische Pyrenäentäler

Roncesvalles am Beginn des spanischen Jakobswegs ist ein mystischer Ort. Dem berühmten Rolandslied zufolge soll hier der fränkische Held im Dienst Karls des Großen gestorben sein. Bis hinunter in die Stadt der Sanfermines, Pamplona, geht es durch die sattgrüne Berglandschaft der Pyrenäen, vorbei an vereinzelten Gehöften und Gebirgsbächen, während am Himmel majestätische Gänsegeier kreisen. Wanderern bietet sich hier der schönste Abschnitt des Jakobswegs (Roncesvalles–Pamplona, ca. 47 km).

> **Tipp** Die besten Monate zum Wandern sind Mai und September, im Hochsommer dagegen wird es auf der kastilischen Hochebene zwischen Burgos und León sehr heiß und in den Unterkünften brechend voll. Ihr Rucksack sollte bepackt nicht mehr als 10 kg wiegen ...

Pilgerherbergen

Die einfachen *refugios* oder *albergues de peregrinos* liegen höchstens 25 km – eine Fußetappe – voneinander entfernt und sind z. T. mit Küchen ausgestattet. Der Preis für eine solche Unterkunft ist sehr niedrig, manche Herbergen erwarten lediglich eine Spende. Reservierung nicht möglich! Voraussetzung für eine Aufnahme (man darf im übrigen nur eine Nacht bleiben) ist der Pilgerausweis, den man schriftlich bei einem der Jakobusvereine beantragen kann.

■ **Fränkische Jakobusgesellschaft**, Haus Hirsch, 97769 Bad Brückenau, Tel. (0 97 41) 33 76, Fax 33 74; www.home.t-online.de/home/jakobuspilger/wuerzb.htm.

Zwischen Pamplona und León (375 km)

Zu den »Musts« auf dem Weg nach León gehören die achteckige Templerkirche Ermita de Eunate auf freiem Feld, die romanische Brücke in Puente La Reina, wo sich der aragonesische und navarrische Weg zum Camino Francés vereinigen, das noch durch die Franken geprägte Estella, die Weingasse Laurel in Logroño, Santo Domingo de la Calzada mit seinen zwei lebenden Hühnern in der Kirche, das monumentale Burgos und die frühromanische Kirche von Frómista.

❙ **Norte y Londres,** Plaza Alonso Martínez 10, Tel. 947 26 41 25, Fax 947 267 73 75. Gutes Mittelklassehotel im Zentrum von Burgos.
❙ **San Marcos,** Pl. de San Marcos 7, Tel. 987 23 73 00, Fax 987 23 34 58; www.parador.es. Schmucker Parador in León, ehemals ein Pilgerhospiz.

Mit dem Rad unterwegs

Wer eine Radtour dem Wandern vorzieht, muss das eigene geländegängige Bike mitnehmen, denn Fahrradverleihe sind in Nordspanien rar. Der Transport per Flugzeug (pro Flug ca. 25 €) nach Spanien ist unkomplizierter als per Bahn; in Spanien selbst kann man das Rad nur als Frachtgut verschicken (Dauer: 1 Woche) oder auf einen Bus umsteigen. Erkundigen Sie sich unbedingt rechtzeitig bei der Fluggesellschaft oder am Bahnhof über die genauen Bedingungen! Die zeitintensive Vorbereitungsphase entfällt, wenn man sich einem Reiseveranstalter anvertraut.

❙ Häufige **Fragen** zum Jakobsweg per Rad beantwortet http://home.arcor.de/schaefer.sac/rwf/infos/fragen.htm; ein Radreisebericht ist unter www.schwarzaufweiss.de/nordspanien nachzulesen.
❙ Eine 14-tägige Radtour von Burgos bis Santiago bietet z. B. **Vuelta** an, Düsseldorfer Str. 2, 10719 Berlin, Tel./Fax (0 30) 31 50 60 72; E-Mail: info@vuelta.de; www.vuelta.de.

Gipfel und Strände

Lage und Landschaft

Was die Atlantikküste Nordspaniens landschaftlich so attraktiv macht, ist in erster Linie die Verbindung von Meer und Gebirge. Eingerahmt ist das Gebiet der nördlichen Regionen von den Pyrenäen im Osten und dem Kantabrischen Kettengebirge; nur die Provinzen Navarra und La Rioja liegen südlich davon. Damit bildet die 1500 bis 2000 m hohe Gebirgskette, die in den Picos de Europa allerdings alpine Höhen von über 2500 m erreicht, eine natürliche Grenze zur kastilischen Hochebene Meseta.

Die Cordillera Cantábrica ist jedoch nicht nur eine geographische Grenze, sondern auch eine kulturelle, die vormals als natürliches Bollwerk gegen einfallende Römer und Mauren diente. Nach Westen hin geht sie in das flachere galicische Mittelgebirge über. An der atlantischen Nordküste wechseln sich Sandstrände, steile Klippen und tief eingezogene Mündungsbuchten ab, die Westküste ist durch fjordartige Buchten, die so genannten Rías Baixas, stark gegliedert.

Galicien ist die größte Region Nordspaniens, gefolgt von Asturien, Navarra, Baskenland, Kantabrien und La Rioja. Zusammengenommen ergeben sie ein Gebiet von rund 68 000 km² (gut 15 % Spaniens).

Neben zahlreichen kleineren Flüssen entspringt in der Provinz Lugo der insgesamt 340 km lange Río Miño, der bei Tui in den Atlantik mündet und Spanien von Portugal abgrenzt.

Klima und Reisezeit

Die regenreichste Region Nordspaniens ist Galicien, seine Hauptstadt Santiago de Compostela wird deshalb auch spöttisch »perico del cielo« (Nachttopf des Himmels) genannt. Während das Kantabrische Gebirge die heißen Winde aus dem Süden ab-

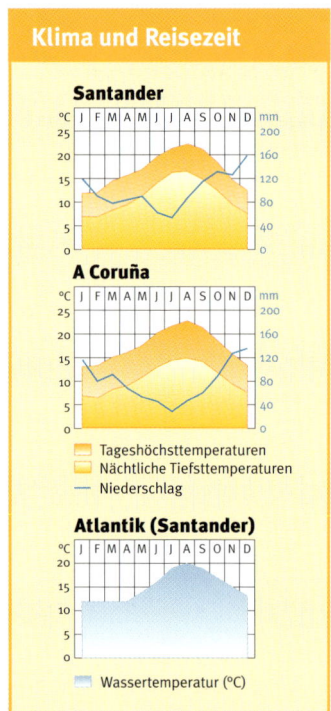

Gipfel und Strände

Hochalpin: die Picos de Europa

blockt, liegen die nördlichen Regionen frei zum Ozean hin. Anders als in Süd- und Mittelspanien ist das Klima daher mild, feucht und eben oft regnerisch.

Schauer können im Sommer immer wieder kurze Schönwetterperioden unterbrechen, doch ist die Zeit zwischen Juli und August auch für Badefreunde günstig. Im Juni sind die Wassertemperaturen von 15/16 °C eher noch etwas für Hartgesottene. Dafür genießt man das Reiseziel noch vor der spanischen Urlaubszeit, die für volle Hotels und Strände sorgt. Das milde Klima lockt besonders Zentralspanier in den Norden, womit sich in beliebteren Orten im Juli und August die Zimmersuche erschwert. Juni und September sind sicherlich die schönsten Reisemonate.

Für Bergtouren besonders durch die Picos de Europa bietet sich der Spätsommer an, weil in dieser Zeit die Nebelschwaden zurückgehen. Zu dieser Zeit kann man auch noch baden, denn das Meerwasser ist fast so warm wie im August. Der Oktober leitet die kühlere, durch den Golfstrom aber nicht kalte Jahreszeit bis Mai ein.

Natur und Umwelt

Die Beziehung der Nordspanier zu Natur und Umwelt ist weit ausgeprägter als die der Südspanier. España verde, das »grüne Spanien«, mit teils noch unberührten Naturräumen ist ein biologisches Reservat für viele Tier- und Pflanzenarten und oft auch letzte Zuflucht für vom Aussterben bedrohte Tiere wie die wenigen Braunbären in den Picos de Europa. Auch die meisten Bäume des nur noch zu 10 % bewaldeten Landes sind im Norden verwurzelt. In Ostgalicien und in der Rioja wachsen vor allem Eichen, in Asturien und Kantabrien Kastanienbäume und Buchen. Dabei geht der biologisch gesunde Mischwald mancherorts zurück, u. a. auch weil nach Waldbränden häufig schnell wachsende Eukalyptusbäume gepflanzt werden, die dem Boden erbarmungslos Wasser entziehen.

Heiter bis wolkig

Sonnenscheingarantie gibt es in Nordspanien nicht, dafür erwartet den Besucher eine fruchtbare Landschaft und im Frühling eine bezaubernde Blütenpracht. Regenkleidung sollte man also im Reisegepäck haben, denn auf Nieselregen – die Basken nennen ihn *chirimiri*, die Asturier *orbayu* – muss man gefasst sein.

Die Industrialisierung, der Mangel an Kläranlagen und insbesondere die heimliche Schadstoffbeseitigung sowohl in den Bergen als auch im Meer hat zu ernst zu nehmenden Umweltschäden geführt. So ist vor allem um Bilbo, Vigo und A Coruña das Baden stellenweise nicht sehr hautfreundlich. Doch bieten sich zahllose schön gelegene Sandbuchten entlang der gesamten Küste als Alternative an.

Mit härteren Gesetzen versuchen die Autonomen Regionen, Gewässer und Bödens besser zu schützen. Besonderes Augenmerk legen sie dabei auf die Natur- und Nationalparks, sei es der Parque Nacional de Covadonga in Asturien, der Parque de la Naturaleza de Cabárceno in Kantabrien, der Parque Natural de Gorbeia im Baskenland oder Los Ancares in Ostgalicien.

Steckbrief

Regionen:
- **Navarra:** 10 421 km², ca. 520 000 Einw., Hauptstadt: Pamplona.
- **La Rioja:** 5 034 km², ca. 270 000 Einw., Hauptstadt: Logroño.
- **Baskenland:** 7 261 km², ca. 2 131 000 Einw., Hauptstadt: Gasteiz/Vitoria. Provinzen: Araba, Gipuzkoa, Bizkaia.
- **Kantabrien:** 5 289 km², ca. 535 000 Einw., Hauptstadt: Santander.
- **Asturien:** 10 564 km², ca. 1 100 000 Einw., Hauptstadt: Oviedo.
- **Galicien:** 29 434 km², ca. 2 950 000 Einw., Hauptstadt: Santiago de Compostela. Provinzen: A Coruña, Pontevedra, Ourense, Lugo.

Flora und Fauna

Gerade wegen des feuchten Klimas und der Höhenunterschiede ist die Flora in Nordspanien sehr vielfältig. In der alpinen und subalpinen Vegetation der Gebirge kommen seltene Orchideenarten vor. Wo die Wälder der Weidewirtschaft weichen, prägen Heideland, Wiesen und Mohnfelder das Bild; an der Küste findet man Strandpalmen. Landwirtschaftlich spielt der Obst- und Getreideanbau – vor allem Äpfel, Trauben, Mais – eine Rolle. Insgesamt ist die Vegetation Nordspaniens eher mitteleuropäischer als mediterraner Natur.

Von der Tierwelt sind in höheren Lagen Wildschweine, Rotwild, Gämsen, Wölfe und sogar noch Braunbären vertreten. Ganz im Osten finden sich im Übrigen Wildpferde, etwa an der 600 m hohen Steilküste der galicischen Sierra de la Capelada. Doch viele dieser Säugetierarten sieht man kaum. Eher zu Gesicht bekommt man Großvögel wie Adler, Geier und Habichte. In Navarra und La Rioja machen im Mai und Juni auch Störche Station. Die Gewässer Nordspaniens sind berühmt für Seekraken, Miesmuscheln und Stockfisch, Langusten und Hummer. In den Gebirgsflüssen tummeln sich Forellen und Lachse.

Bevölkerung und Sprache

7,5 Mio. Einwohner, d. h. gut 20 % der Bevölkerung Spaniens, leben in den Regionen Nordspaniens. Die Bevölkerungsdichte variiert stark zwischen industriellen Ballungsgebieten um Bilbo/Bilbao, Oviedo und Vigo auf der einen und abgelegenen Gebieten Navarras und Ostgaliciens auf der anderen Seite. Allein in der baskischen Provinz Bizkaia lebt die Hälfte aller

Gipfel und Strände

Spargelanbau in Navarra

Basken (rund 70 % davon in der Provinzhauptstadt Bilbo), womit diese Provinz mit 406 Einw./km² die höchste Bevölkerungsdichte in ganz Spanien aufweist.

Auffällig ist die selbstbewusste regionale Identität, welche von West nach Ost immer mehr zunimmt. Dies zeigt sich ganz besonders deutlich in der Sprache. Galicier sprechen ihr gallego, das dem Portugiesischen verwandt ist, eher in abgelegenen Regionen, während die Basken ihr euskera ganz bewusst als Alltagssprache nutzen und fördern.

Die Asturier haben einen eigenen Regionaldialekt, das bable, entwickelt. Schätzungen zufolge beherrschen etwa 400 000 Menschen bable, während gallego 3 Millionen und euskera 2 Millionen sprechen oder zumindest verstehen.

In den anderen Regionen wird die Staatssprache castellano – das in Kastilien entwickelte Spanisch – ohne Vorbehalt gesprochen.

Das ausgeprägte Selbstbewusstsein der nordspanischen Regionen resultiert nicht zuletzt aus ihrer historischen Bedeutung. Als Madrid noch ein Dorf war, entwickelten sich Asturien und Kantabrien zu Keimzellen der Reconquista, der christlichen Rückeroberung der iberischen Halbinsel. Die Rioja war bereits ein beliebtes Weinanbaugebiet, das galicische Santiago de Compostela europaweit als Pilgerziel bekannt.

Marktszene in der asturischen Hauptstadt Oviedo

Die stolzesten Bewohner Nordspaniens sind die Basken, welche aus Kleinasien oder Nordafrika gekommen sein könnten. Über Jahrhunderte lebten die Dorfgemeinschaften ihre Traditionen. Als einziger Teil der gesamten Iberischen Halbinsel wurde das Baskenland niemals romanisiert. Die überwiegende Mehrheit fühlt sich aber inzwischen nicht mehr nur als Basken, sondern auch als Spanier, auch wenn die ETA-Separatisten mit Anschlägen für Schlagzeilen sorgen.

Beachtlich ist im Westen Nordspaniens der anhaltende keltische Einfluss. Wie in Wales oder Schottland gibt es in Asturien und Galicien Keltenfeste und keltische Bräuche, die aus der Alltagskultur nicht wegzudenken sind.

Wirtschaft

Besonders die Metallverarbeitung, aber auch Chemie und Raffinerien haben das Baskenland neben Madrid und Katalonien zum reichsten Wirtschaftsraum Spaniens gemacht. Viele Galicier aus den ärmlichen Provinzen Lugo und Ourense zogen deshalb in den Industriestandort Baskenland, wenn sie nicht gleich nach Frankreich oder Deutschland emigrierten. Daneben sind auch in Asturien im Dreieck Gijón, Oviedo und Aviles seit dem 19. Jh. Metallbetriebe und Stahlwerke entstanden, die jedoch inzwischen teilweise leer stehen.

Das Berufsspektrum ist insgesamt schmal. Schäferei und Fischerei spielen nach wie vor eine große Rolle. An den galicischen Rías Baixas floriert die Miesmuschelzucht. Die über 90 000 galicischen Fischer bringen jährlich mehr als 1 Mio. Tonnen Fisch und Meeresfrüchte an Land, allerdings immer häufiger aus Kanada und Island. Daneben sorgt die Papier- und Konservenindustrie für Arbeitsplätze.

Da Nordspanien im Gegensatz zum Süden des Landes in kleine Parzellen aufgeteilt ist, gibt es viele kleine landwirtschaftliche Betriebe, die mitunter Mühe haben, mit den Früchten ihrer Arbeit den Lebensunterhalt zu sichern. In den Küstengebieten wird vor allem Obst, Gemüse und Mais angebaut. Das Rioja-Gebiet lebt inzwischen vom Weinexport, während Navarra neben Wein auch Spargel und Forellen vor allem auf dem nationalen Markt verkauft.

Seit einigen Jahren macht Nordspanien auch mit interessanten Modekreationen auf sich aufmerksam. Modemacher wie Verino (in Verín) und Adolfo Domínguez (in Ourense) trugen dazu bei, dass spanische Haute Couture über die Landesgrenzen hinaus berühmt geworden ist. Die Kette Zara aus Coruña bildet die spanische Alternative zu Hennes & Mauritz.

Im Vergleich zu den Topzielen Costa Brava und Costa del Sol spielt der Tourismus in Nordspanien eine weitaus geringere Rolle.

Kräftemessen unter Basken

Sardinenkutterrudern oder Tauziehen sind die harmloseren Varianten baskischen Sports. Was die Basken sonst noch an Wettkämpfen präsentieren, wirkt archaisch und trägt ihnen spanienweit das Image der Muskelprotze ein. Ein richtiges Fest kommt ohne Grasmähen mit der Sichel auf Zeit *(segalaris),* Holzspalten *(aizkolaris)* und das meterweite Schleppen von 80 kg schweren Sandsäcken nicht aus. Beliebt ist auch *idi probak:* Dabei müssen Ochsen mit tatkräftiger Unterstützung ihrer Besitzer riesige Gewichte so weit wie möglich schleifen. Zu den beliebtesten Kraftakten ausschließlich männlicher Wettstreiter gehört das Steineheben *(harrijasoketa).* Iñaki Perurena hat als erster einen kubischen Brocken von 310 kg gestemmt und kann olympiareif mit einer einzigen Hand einen 200-Kilo-Klotz hoch heben. Der beleibte Mann genießt im Baskenland eine ähnliche Verehrung wie ein renommierter Torero in Andalusien. Eine weitere Lieblingssportart ist das Pelotaspiel. Bei dieser Squashvariante zu viert versuchen die Teilnehmer, abwechselnd einen harten Ball mit dem Schläger oder der bloßen Hand gegen die Wand zu schlagen, ohne eine Miene zu verziehen, versteht sich.

Politik und Verwaltung

Franco hatte während seiner jahrzehntelangen Militärdiktatur (1939–1975) das Streben nach regionaler Selbstverwaltung unterdrückt. Erst nach seinem Tod konnte der Regionalismus wieder aufleben. Auf der Basis der demokratischen Verfassung von 1978 wurde das Land in 17 Autonome Regionen *(Comunidades Autónomas)* unterteilt. Besonders früh erlangten die sog. historischen Autonomien Galicien und Baskenland weitgehende Selbstbestimmungsrechte in den Bereichen Steuern, Kultur und Erziehung.

Die Basken verfügen darüber hinaus seit 1982 über eine eigene – nur aus Basken bestehende – Polizei, die Ertzaintza. Ihr Markenzeichen ist die rote Baskenmütze *(boina).* Als Minderheit im eigenen Volk versuchte die ETA (»Euskadi Ta Askatasuna« = Baskenland und Freiheit) immer wieder mit Erpressung, Entführung und brutalen Morden wie der kaltblütigen Hinrichtung des Lokalpolitikers Miguel Angel Blanco im Juli 1997, einen Einheitsstaat aus der baskischen Autonomie, Navarra und dem französischen *pays basque* zu erzwingen. Seit Francos Tod sind dem Terror landesweit bereits über 800 Menschen zum Opfer gefallen. Ob ein unlängst ausgehandelter Waffenstillstand zwischen Madrid und der ETA Bestand haben wird, muss sich erst erweisen.

Bei den letzten Nationalwahlen im März 1996 siegte der konservative Partido Popular (PP) unter José María Aznar und löste die seit 1982 regierenden Sozialisten (PSOE) ab.

Im Madrider Parlament ist der PP auf die Unterstützung der Katalanischen Convergencia i Unió (CiU) und der Baskischen Volkspartei (PNV) angewiesen.

Geschichte im Überblick

20 000 –10 000 v. Chr. Jäger und Sammler hinterlassen Felsritzzeichnungen und Höhlenmalereien u. a. in der Cueva de Altamira und den Cuevas de Tito Bustillo.

Ca. 2400 v. Chr. Es entstehen die ersten kollektiven Megalithgräber.

Ab 600 v. Chr. Kelten siedeln sich in Spaniens Norden an und bauen Wehrdörfer (castros); allein in Galicien sind Reste von mehr als 3000 Rundhäusern erhalten.

1. Jh. v. Chr. Unter Kaiser Augustus erobern römische Truppen die nördlichen Gebirge und damit den letzten Abschnitt der Iberischen Halbinsel. Nordspanien wird in die Provincia Tarraconensis integriert.

Ab 400 n. Chr. »Struppige germanische Barbarenhorden« (nach Paulus Orosius) überqueren die Pyrenäen und verdrängen die Legionäre.
Im Nordwesten gründen die Sueben ein eigenes Königreich, Kantabrier und Basken bleiben von der Invasion zunächst verschont. Ab Mitte des 5. Jhs. erobern die Westgoten weite Teile des spanischen Nordens.

711 Die Mauren unterwerfen das Reich der Westgoten, besetzen aber nicht den Norden Spaniens. Keimzelle der christlichen Rückeroberung *(Reconquista)* wird das 718 von Don Pelayo gegründete Kleinkönigreich Asturien.

778 In der Schlacht bei Roncesvalles besiegen Basken die Nach-

Geschichte im Überblick

hut Karls des Großen. Es entsteht das Königreich Navarra.

820 In Iria Flavia (Galicien) werden die vermeintlichen Gebeine des Apostels Jakobus entdeckt und begründen eine Wallfahrt. Entlang des Jakobsweges entstehen romanische Kirchen und Klöster.

1492 Christliche Truppen erobern Granada, das letzte maurische Emirat. Die Katholischen Könige Ferdinand von Aragón und Isabella von Kastilien verweisen alle Juden des Landes.
Im selben Jahr entdeckt Kolumbus unter spanischer Flagge Amerika.

1534 Ignatius von Loyola gründet den Orden der Societas Jesu (Jesuiten).

1701–1713 Im Spanischen Erbfolgekrieg zwischen den österreichischen Habsburgern und den französischen Bourbonen setzt sich die französische Dynastie durch. Es beginnt die Zeit des aufgeklärten Absolutismus.

1808–1814 Napoleon erobert Spanien und setzt seinen trunksüchtigen Bruder Josef als König ein.

19. Jh. Neben technischen Neuheiten wie Eisenbahn und Gaslaterne gehören die Wahlen zu den großen Errungenschaften des Jahrhunderts. Doch die Erste Republik (1873/74) behauptet sich nur wenige Monate. Gegen Ende des 19. Jhs. zwingt die wirtschaftliche Not viele junge Männer zur Emigration nach Lateinamerika.

1931–1936 Der zweite Versuch einer Republik ist gekennzeichnet von der Kluft zwischen Kirche, Adel und Großgrundbesitz auf der einen, Sozialismus, Liberalismus und Anarchismus auf der anderen Seite.

1936–1939 Der Konflikt zwischen Tradition und Moderne mündet in den Spanischen Bürgerkrieg, dem 1,2 Mio. Menschen zum Opfer fallen.

1939–1975 Die jahrzehntelange Militärdiktatur Francos unterdrückt die Opposition und verbietet die Regionalsprachen. In den 1960er Jahren entsteht die baskische Untergrundbewegung »Euskadi Ta Askatasuna« (ETA), die 1973 den designierten Nachfolger Francos, Ministerpräsident Luis Carrero Blanco, ermordet.

1975–1982 Nach Francos Tod (20. Nov. 1975) beginnt eine Phase des Überganges (Transición); Spanien wird eine parlamentarische Monarchie mit König Juan Carlos I an der Spitze.

1982 Die Sozialisten übernehmen die Regierung; Spanien tritt der NATO bei.

1986 Aufnahme Spaniens in die EG.

1996 Der konservative José Maria Aznar löst Felipe González von der Regierung ab.

1997 Im Oktober wird in Bilbo (Bilbao) das Museum Guggenheim eröffnet und erreicht spanienweit Rekordbesucherzahlen.

2001 Der 78-jährige Manuel Fraga, einst Minister unter Franco, verteidigt bei den Parlamentswahlen in Galicien die Mehrheit der konservativen Volksparteien (PP).

2004 Nächstes »Heiliges Jahr«, bei dem der 25. Juli auf einen Sonntag fällt.

Kultur gestern und heute

Kelten und Römer

Aus keltischer Zeit sind in Asturien und Galicien die runden und ovalen Grundmauern einiger Dörfer *(castros)* erhalten, die meist an strategisch günstigen Stellen, aber ohne Zentrum oder Versammlungshaus angelegt waren. Nahe der portugiesischen Grenze kann man im Keltendorf auf dem **Monte de Santa Tecla** die Rekonstruktion einer keltischen Rundhütte studieren; an der asturisch-galicischen Grenze ist die Ausgrabungsstätte **Castro de Coaña** zu besichtigen. Römische Spuren findet man in Nordspanien wesentlich seltener als in Zentral- und Südspanien; in Galicien zählen etliche Thermen und Brücken sowie die vollständig erhaltene Stadtmauer von Lugo dazu.

Herrliche Kapitelle sind im Kreuzgang von La Colegiata in Santillana del Mar zu bewundern

Die Romanik

Die Technik des soliden Steinbaus der Römer übernahmen die Westgoten, wie man am Beispiel der Kirche Santa Comba de Bande bei Ourense sehen kann; sie ist in der charakteristischen Form eines Hufeisens angelegt. Mit den Anfängen der Reconquista bildete sich in Asturien der frühromanische Stil heraus; die schönsten architektonischen Zeugnisse davon finden sich im Umkreis der asturischen Königsresidenz, d. h. in der Umgebung von Oviedo (San Julián de los Prados, Santa María de Naranco und San Miguel de Lillo). Aus dem unter islamischer Herrschaft stehenden Südteil der Halbinsel brachten vom 8. Jh. an christliche Handwerker den mozarabischen Stil mit, der an San Millán de Suso bei Logroño oder der kleinen Kirche Santa María de Lebeña in den Picos de Europa seinen Niederschlag gefunden hat.

Die Romanik entwickelte sich im 11. Jh. zum nordspanischen Architekturstil schlechthin. Die von Frankreich inspirierte Bauweise mit Kreuzrippengewölbe und Rundbogen hat besonders entlang dem Jakobsweg eine Vielzahl von wehrhaften Klöstern und Kirchen geprägt.

Im Zusammenspiel mit der romanischen Architektur entstand zum ersten Mal seit der Antike wieder eine monumentale Bauplastik; Kapitelle in Kreuzgängen (z. B. in der Kollegiatskirche von Santillana del Mar) und Reliefs an Portalen (z. B. der Pórtico de la Gloria in Santiago und das Portal von Santa María La Real in Sangüesa) spiegeln einen grandiosen Figurenreichtum wider, einen Kosmos aus Fabel- und Heiligenwelt, der bis heute den Betrachter in seinen Bann zieht.

Von der Gotik zum Barock

In Nordspanien spielt die ab dem 13. Jh. auftretende Gotik mit ihren Spitzbogen und Bündelpfeilern – abgesehen von den Kathedralen von Oviedo und Tui – nur eine untergeordnete Rolle. Sie setzt sich fort im plateresken Stil (platero = Silberschmied), der seine Dekorationskunst vorzugsweise an Fassaden, Chorgittern und Altarretabeln zur Geltung bringt. Ebenso wie der mit ihm verwandte isabellinische Stil (benannt nach Königin Isabella I von Kastilien, 1474–1504) stellt er eine spezifisch spanische Variante im Übergang zur Renaissance dar. Zu den großartigsten Prachtbauten dieser Phase zählt das Hostal de los Reyes Católicos in Santiago de Compostela. Im Gegensatz dazu orientiert sich der strenge, schmucklose Herrerastil nach Italien; ein Beispiel für diese Architekturrichtung stellt das Monasterio de Yuso dar (s. S. 62).

Ab dem 17. Jh. trat der Barock mit seiner spanischen Spielart des Churriguerismus (namensgebend war eine Architektendynastie) in Erscheinung; kennzeichnend dafür sind opulent verzierte, mitunter überladen wirkende Kirchenfassaden – ein schönes Beispiel ist die Westseite der Kathedrale von Santiago. Auch die 65 m hohe Kuppel der Basilika San Ignacio de Loyola ist das Werk eines der drei Baumeister namens Churriguera.

Malerei

Nordspanien ist besonders für seine Höhlenmalerei berühmt. Die zum Teil hervorragenden künstlerischen Darstellungen aus der Altsteinzeit finden sich besonders in Kantabrien, aber auch in Asturien und im Baskenland. Höhlen *(cuevas)* mit prähistorischen Wandgemälden und Felsritzungen – in erster Linie Tiermotive darstellend – sind neben der berühmten Altamira-Höhle (2 km südlich von Santillana) auch die Cueva de Santimamiñe (5 km nordöstlich von Gernika), die Cuevas de Tito Bustillo (bei Ribadesella), deren Zeugnisse sogar auf rund 20 000 v. Chr. datiert werden und damit die ältesten in dieser Region sind, sowie die Cueva del Buxu (5 km nordöstlich von Cangas de Onís).

Unter den Nachkommen dieser frühen Maler auf nordspanischen Boden gelang es erst dem Basken Ignacio Zuloaga (1870–1945), sich mit seinen impressionistischen Bildern international einen Namen zu machen. Im Museo de Bellas Artes in Bilbo und im Museo San Telmo in Donostia begegnet man seinem Werk sowie weiteren baskischen Größen des 20. Jhs. wie Jesús Olasagasti oder Miguel Angel Alvarez; ihre zum Teil düsteren Gemälde sind häufig dem Alltagsleben gewidmet. Mit den galicischen Malern kann man sich im Provinzmuseum in Pontevedra vertraut machen.

Hórreos

Vor allem in Galicien und Asturien stößt man immer wieder auf hórreos, steinerne Mais-, Getreide- oder Kartoffelspeicher, die auf Stelzen stehen, um Nässe und Nagetiere abzuhalten. In Asturien sind sie in quadratischer Form und mit farbenfrohem Anstrich anzutreffen, in Galicien dagegen als längliche Granitbauten. Das Dach ziert neben dem christlichen Kreuz oft die pyramidenförmige fica, das Fruchtbarkeitszeichen der Kelten (s. auch S. 87).

Aus Donostia stammt der international bekannte Bildhauer Eduardo Chillida (geb. 1924). Seine kraftvollen Arbeiten aus Eisen und Stein findet man an vielen Orten Nordspaniens, z. B. im Park der Casa de Juntas in Gernika.

Literatur

Die international geschätzte Lyrikerin **Rosalía de Castro** (1837–1885) aus Padrón schrieb ihre Gedichte, die in der Tradition der Romantik die galicische Landschaft poetisieren, aber auch zeitgenössische und für die Region typische soziale Probleme zum Gegenstand haben, hauptsächlich in gallego. Durch sie wurde mehr als 500 Jahre nach der hochmittelalterlichen Blütezeit galicischer Lyrik Galicisch wieder zur Literatursprache. Schauplatz der genauen Landschafts- und Milieuschilderungen von **Emilia Pardo Bazán** (1851–1921) aus A Coruña ist ebenfalls ihre galicische Heimat. Ihre naturalistischen Romane – so »La Tribuna« (1883) über ein Frauenschicksal im Zeitalter der industriellen Revolution und »Los pazos de Ulloa« (1886) sowie dessen Fortsetzung »La madre naturaleza« (1887), in dem Pedrucho und Manolita unwissend Inzest begehen, schockierten das Bürgertum. Gegen die Stagnation in der Literatur ihrer Zeit revoltierend, gehört sie mit ihrem Werk zu den Wegbereitern der »generación de 98«, die im ausgehenden 19. Jh. mit dem Verfall der politischen Macht in Spanien (Verlust der letzten Kolonien in Übersee) eine Europäisierung des Landes favorisierte.

Ramón María del Valle-Inclán (1866–1936) aus Vilanova de Arousa (Provinz Pontevedra) setzte in seiner Gedichtsammlung »Claves líricas« »Lyrische Register«, 1930) auf die

El Camino de Santiago

Die Entstehung des Jakobswegs fällt in eine Periode von höchster politischer und religiöser Brisanz. Mauren hatten 711 das Reich der Westgoten erobert und in Südspanien mit Al Andalus eine blühende Kulturlandschaft heraufgeführt. Ausgehend von Asturien formierte sich im Norden der christliche Widerstand. Die Reconquista erlebte einen unglaublichen Aufschwung, als in Iria Flavia (heute Padrón) um 820 das Grab des hl. Jakobus (Santiago) entdeckt wurde: Ein Einsiedler berichtete von himmlischen Zeichen, die ihm den Weg zum Apostelgrab gewiesen hätten. Nachdem man über den Gebeinen eine Kirche errichtet hatte, verbreitete sich die Nachricht von der wundersamen Entdeckung in Windeseile. Der friedliche Apostel avancierte in kurzer Zeit zur Symbolfigur im Kampf gegen die Mauren. Und so sind auch die Standbilder in vielen Kirchen zu verstehen, die den frommen Mann zu Pferde mit einem Schwert als Maurentöter *(matamoros)* darstellen.

Der Hauptweg *(camino francés)* führt über Pamplona, Burgos und León nach Santiago de Compostela. Nördlich davon geht der Küstenweg über Irún, Donostia, Santander, Oviedo und Ribadeo in die galicische Hauptstadt. Besonders die romanisch geprägte Hauptroute war und ist für Spanien von großer wirtschaftlicher und kultureller Bedeutung.

bildhafte Wirkung des Wortes und damit auf eine Erneuerung der spanischen Poesie. Bevorzugter Schauplatz der Handlungen war das ländlich-katholische Galicien, so in den »Comedias bárbaras« (»Ungeheuerliche Komödien«), wo der Zerfall der galicischen Adelsfamilie Montenegros geschildert wird und in den »Divinas palabras. Tragicomedia de aldea« (»Wunderworte. Eine dörfliche Tragikomödie«) aus dem Jahre 1920, einem Zerrspiegel, in dem Valle-Inclán die Genze zur Groteske überschritten hat.

Der Literaturnobelpreisträger **Camilo José Cela** (geb. 1916) ist wahrscheinlich der berühmteste galicische Autor. Mit seinem 1983 erschienenen Roman »Mazurca para dos muertos« (»Mazurka für zwei Tote«) thematisierte er das Trauma des Spanischen Bürgerkrieges, eingebettet in die Saga einer galicischen Familie. Das Werk avancierte in kürzester Zeit zum Bestseller und wurde 1984 mit dem Nationalpreis für Literatur ausgezeichnet. Cela bedient sich für die derben, realistischen Schilderungen einer Alltagssprache; die galicischen Ausdrücke sind in einem beigefügten Verzeichnis erklärt.

Unter den Basken sticht **Miguel de Unamuno** (1864–1936) hervor, der in Salamanca lehrte und 1924 wegen antidiktatorischer Schriften nach Fuerteventura verbannt wurde. Auch er gehörte der »generación de 98« an. In seinem bekannten Roman »Niebla« (»Nebel«) von 1914 erteilt er der traditionellen realistisch-naturalistischen Schreibweise eine Absage; sein Interesse gilt dem Lebensgefühl der zutiefst verunsicherten Personen. Ein weiterer bedeutender Vertreter der »generación de 98« war der pessimistische Romanschriftsteller **Pío Baroja y Nessi** (1872–1956) aus Donostia/San Sebastián. In einigen seiner über 60 Romane, mit denen er die große spanische Erzähltradition fortsetzte, beschreibt er anschaulich das baskische Landleben.

Ein bedeutender Romancier war auch der baskische Schriftsteller **Juan Antonio de Zunzunegui y Loredo** (1901–1982). Sein realistischer Roman »El barco de la muerte« (»Das Todesschiff«, 1945) zeichnet sich durch genaue Milieu- und Typenstudien aus. Erzählt wird darin die Geschichte von Alfredo Martínez, Sohn eines Tagelöhners, der nach einer freudlosen Kindheit durch wirtschaftliche Not dazu gezwungen wird, nach Amerika zu emigrieren. Nach 20 Jahren kehrt er desillusioniert in seine Heimat zurück. Da die Dorfbewohner ihn für eine Typhusepidemie verantwortlich machen, endet sein ganz auf Gewinn und Geld ausgerichtetes Leben gewaltsam.

In Oviedo lebte der Juraprofessor Leopoldo Alas y Ureña (1852–1901), der unter dem Pseudonym **Clarín** naturalistische Erzählungen und Romane schrieb. Sein bekanntestes Werk »La Regenta« (1884/85) schildert den Ehebruch der verheirateten Ana mit

> ### Lektüretipp
>
> Wenn es um Literatur über Nordspanien geht, muss natürlich Ernest Hemingway erwähnt werden, der in seinem Werk »Fiesta« (»The sun also rises«; deutsche Ausgabe: rororo TB Nr. 5) dem Stiertreiben in Pamplona huldigte und es damit international berühmt machte. Brillant geschrieben ist auch ein Buch jüngeren Datums, »Der Umweg nach Santiago« von dem Niederländer Cees Nooteboom (Suhrkamp TB Nr. 2553).

Kultur gestern und heute

Feste & Veranstaltungen

- **Januar: Fest des Stadtpatrons San Sebastián** in Donostia (19./20. 1.).
- **März: Kolumbusfest** in Baiona (1. 3.).
- **April:** In der **Karwoche** *(semana santa)* Prozessionen in vielen Orten Nordspaniens, besonders in Viveiro; **Fiesta del Santísimo Cristo** am Ostersonntag in Fisterra, am Sonntag nach Ostern **La Folía** in San Vicente de la Barquera.
- **Mai:** Von Mitte Mai bis Mitte Juli werden in Galicien **Wildpferde-Rodeos** *(rapas das bestas* oder *curros)* abgehalten; u. a. in Oia und San Lorenzo de Sabucedo.
- **Juni:** Mehrtägiges **Fest zu Ehren von Johannes dem Täufer** in Tolosa (um den 24. 6.); **Fiesta de Santa Juliana** in Santillana del Mar mit Prozession, Messe und dem Tanz der picayos (28. 6.). Bei der **Batalla del Vino** (»Weinschlacht«) in der Rioja-Hochburg Haro tränken und bespritzen sich die Feiernden gegenseitig mit Rotwein (29. 6.).
- **Juli:** Während der **Fiesta de San Fermín** (6.–14. 7.) findet die Stierhatz durch Pamplona statt; eine ganze Woche lang wird geflirtet, getanzt und getrunken. **Fiesta de San Benitiño de Lérez** in Pontevedra (11. 7); Mitte des Monats vier Tage lang **Fiesta de Baños de Ola** in Santander. Am 16. 7. werden in vielen Küstenorten **Meeresprozessionen zu Ehren der hl. Carmen** veranstaltet. **Stadtfest zu Ehren des hl. Jakobus** in Santander (25. 7.); **Fiestas del Apóstol** in Santiago de Compostela (zwischen 16. und 31. 7.); **Fiesta del Pastor,** »Fest des Schäfers«, am Enol-See in den asturischen Picos de Europa (25. 7.).
- **August: Festival Internacional** in Santander und Fiesta María Pita in A Coruña mit Konzerten, Theater und Stierkampf während des ganzen Monats; **Fest des Heiligen Kreuzes** in Ribadeo (1. 8.); Anfang August **Fest zu Ehren der Pfefferschote** in Padrón; 1. Wochenende **Weinfest** im Albariño-Zentrum Cambados; 1. Sonntag **Wikingerfest** im galicischen Catoira; 2. Sonntag **Fiestas de la Peregrina** zu Ehren der Schutzpatronin von Pontevedra; **Fiesta de la Virgen Blanca** in Gasteiz/Vitoria (4. 8.); **Festivales de Navarra** mit Theater und Stierkampf in Olite (15. bis 20. 8.); **Batalla de las Flores,** »Blumenschlacht«, in Torrelavega (So nach dem 15.) und Laredo (letzter Freitag).
- **September: Romería** zu Ehren der asturischen Schutzheiligen Santina in Covadonga (8. 9.) und zum **Santuario de Nossa Senhora da Barca** in Muxia. 2. Septemberwoche **Fiesta de sidra** (Apfelweinfest) in Villaviciosa. **Día de América en Asturias** in Oviedo (19. 9.), Fest zu Ehren der asturischen Emigranten mit Folkloregruppen; **Fiesta de San Mateo** zu Ehren des Stadtpatrons von Logroño (20. und 21. 9.). Ab dem 3. Donnerstag **Internationale Filmfestspiele** in Donostia/San Sebastián (s. S. 33).
- **Oktober:** 2. Wochenende **Fiesta do marisco** (»Fest der Meeresfrüchte«) in O Grove.
- **Tipp:** Termine wichtiger Ausstellungen, Konzerte und Festivals im Internet: http://www.mcu.es.

dem Priester Don Fermín vor dem Hintergrund der heuchlerischen Stadtgesellschaft von Vetusta (Oviedo).

Aus Küche und Keller

Folklore

Das Stichwort spanische Folklore ruft unwillkürlich Bilder von glutäugigen Flamencotänzerinnen, geschmückten Rassepferden und heißblütigen Gitarrespielern wach. Diese Klischees haben mehr mit Andalusien als mit der nordspanischen Alltagskultur gemein. Hier gehen viele Bräuche auf die Kelten zurück. Sie sind genährt von Glaube und Aberglaube, von mündlichen Überlieferungen, deren Protagonisten listige Gnome und Hexen sein können.

Die christliche Verwurzelung zeigen Wallfahrten *(romerías)* und Dorffeste, die jeweils dem lokalen Schutzpatron gewidmet sind. An diesen Festtagen tragen viele die traditionelle Tracht und musizieren auf Flöten *(flautas)*, Dudelsäcken *(gaitas)* und Handtrommeln *(tambores)*; ganz a capella singen die baskischen und kantabrischen Männerchöre. Zum Tanzgut der Basken gehören der Reigentanz aurresku sowie Schwert- und Stocktänze *(espadadantza)*. In Navarra ist die jota beliebt, eine aus Aragón stammende Tanz- und Liedform mit festem Dreiertakt und oft improvisiertem Text.

In der galicischen Provinz Pontevedra zelebriert man die *rapa das bestas,* bei der Wildpferden Mähne und Schwanz gestutzt werden und die Dorfjugend ihren Mut unter Beweis stellt (s. S. 92). Besucher erleben die Zeremonie inzwischen als kommerzialisierte Veranstaltung; man möchte das Spektakel vermarkten wie das weltbekannte Stiertreiben *(encierro)* in Pamplona – nur fehlt bislang ein *aficionado* vom Kaliber eines Hemingway, der Alles literarisch verwertet ...

So mancher baskische Starkoch ist ein echter Macho. Er lässt keine Frau an den Herd und mitunter nicht einmal an den Gelagen der Kochklubs *(sociedades gastronómicas)* teilnehmen, bei denen ausgetüftelte Menüs serviert werden. Und so verwundert es nicht, dass in den 1970er-Jahren fast ausschließlich Männer die Traditionsküche um eine verfeinerte Nouvelle Cuisine ergänzten und die baskische Kochkunst zum Inbegriff spanischer Gaumenfreuden machten.

Kennzeichnend für die Kochkunst Nordspaniens ist die Vielfalt und hohe Qualität atlantischer Meeresfrüchte und eine zumeist schlichte Zubereitung. So stößt man selbst in der Gourmethochburg Donostia auf einfachere Gerichte. Der Norden verfügt über Weideland und fruchtbare Äcker, auf denen besonders Kartoffeln, Kohl und Mais geerntet werden; Gemüseeintöpfe mit Fleisch sind daher verbreitet. Die Bergflüsse liefern Lachse und Forellen, und in manchen Gebieten werden hervorragende Käse und Weine hergestellt. Dabei verfügt jede Region über ihre Spezialitäten.

Das Baskenland

Zu den berühmtesten Gerichten der Basken gehören Kiemenbacken des Seehechts *(kokotxas)* und Stockfisch in Öl und Knoblauch *(bacalao al pil-pil)*. Beliebte Gerichte sind Sardinen *(sardinas)* und gebratene Glasaale *(angulas a la bilbaína)*. Alternativ zum Fisch kann man Ochsenschwanz mit Gemüse *(sulkaki)* oder *pisto a la Vizcaína,* ein Gemüsegericht aus Tomaten, Zucchini und grünem Paprika, bestellen. Bei Biskuit mit Creme *(goxua)* oder Schmalzgebäck *(mantecas)* kommen Schleckermäuler auf ihre Kosten.

Navarra und die Rioja

Wer einfache Hausmannskost schätzt, sollte in **Navarra** *migas del pastor,* ein Gericht aus Brotwürfeln, Gewürzen und Schmalz, bestellen. Eine Spezialität ist *trucha a la navarra,* mit Schinken umwickelte und Kräutern gefüllte gebratene Forelle. Kulinarischen Genuss versprechen auch *cordero en chilindrón,* Lammfleisch in scharfer Soße, und *paloma en vino tinto,* Taube in Rotweinsoße. Wer sich im Süden Navarras aufhält, kann sich Spargelgerichte munden lassen; der Spargel *(espárrago),* den kleine Familienbetriebe hier kultivieren, gilt als der beste ganz Spaniens. Als Nachtisch empfehlen sich gefüllte Kuchen *(bizcochos rellenos)* oder Hefegebäck *(ensaimadas).* Bevorzugen Sie Käse, sollten Sie *idiazábal* wählen, einen Schafskäse, der mindestens zwei Monate mit Buchenholz geräuchert wurde. In der Region von **Rioja** kann man sich Hausmannskost wie *callos a la Rioja,* stark gewürzte Kutteln, oder Spezialitäten wie Rotbrassen *(pargos)* aus dem Ebro, Leberpasteten *(paté de hígado)* und gebratene Austernpilze *(setas a la plancha)* schmecken lassen.

Asturien und Kantabrien

Fabada ist das Regionalgericht **Asturiens** schlechthin. Der nahrhafte Eintopf besteht aus weißen Bohnen *(fabes),* Tomaten, Speck, Blut- und Paprikawurst, Schweinspfoten, diversen Gemüsen und gelegentlich Venusmuscheln *(almejas).* Die Bohnen werden

Appetitlich angerichtet: Chorizo-Wurst und Käse als Vorspeise

auch als Beilagen zu Rebhuhn, Wildschwein und Hirschbraten gereicht.

Zudem erwartet den Besucher eine reiche Auswahl an Meeresfrüchten wie Hummer *(bovagante),* Entenmuscheln *(percebes),* Thunfisch *(bonito),* Langusten *(langostas)* und Seehecht *(merluza),* oft mit Apfelwein zubereitet. Zu den Süßspeisen zählen die *fiyuelas,* eine Art Eierpfannkuchen.

Die Küche **Kantabriens** teilt mit der asturischen die Vorliebe für Eintöpfe sowie *crustáceos* – Krusten- und Schalentiere. Darüber hinaus gibt es köstliche Kalorienbomben: neben Milchreis *(arroz con leche)* und gebackenen Milchschnitten *(leche frita)* ist die äußerst nahrhafte *quesada* aus Frischkäse, Honig und Butter empfehlenswert.

Galicien

Über 90 See- und Flussfische, z. B. Seehecht *(merluza),* Steinbutt *(rodaballo),* Wolfsbarsch *(lubina),* Zackenbarsch *(mero)* und Meerbrasse *(besugo),* tummeln sich in den galicischen Gewässern. Hier bekommt man auch frische Meeresfrüchte, wie Schwimmkrabben, Teufelskrabben und Seekraken *(pulpo)* – viele Orte haben ihre eigenen Spezialitäten: Malpica de Bergantiños die Entenmuscheln *(per-*

Aus Küche und Keller

cebes), Vigo die Austern (ostras) und Pontevedra die Miesmuscheln (mejillones). Jakobsmuscheln (vieiras) werden gerne mit Tomatensoße und Cognac verfeinert. Auf keinem Dorffest fehlen Pasteten (empanadas): in Maismehl oder Weizenmehl werden Lorbeer, Tomaten, Zwiebeln und Paprikaschoten eingebacken, daneben je nach Gusto verschiedene Fleisch- und Fischsorten. *Caldo gallego* ist eine bunte Gemüsesuppe aus weißen Bohnen, Wirsing und Kartoffeln, *lacón con grelos,* gepökelter Vorderschinken mit Steckrübenblättern, ein herzhaftes Gericht, das mit Speck, Wurst und Kartoffeln angereichert wird. Landesweiten Ruf genießen die Pfefferschoten (pimientos) aus Padrón und *queso de tetilla.* Naschkatzen können den Mandelkuchen *tarta de Santiago* und *filloas de leche,* mit Eiercreme gefüllte Pfannkuchen, probieren.

Ein Ritual: das Einschenken des asturischen Apfelweins

Vino, sidra und pacharán

Zum Essen kommt Wein und Wasser auf den Tisch. Will man kohlensäurehaltiges Mineralwasser, muss man *aqua mineral con gas* bestellen. Asturien und Kantabrien sind berühmt für den sidra. Um den Sauerstoffgehalt zu erhöhen, stürzt man den perlenden Apfelwein aus Kopfhöhe in hauchdünne Gläser. Im Baskenland wie im kulinarisch verwandten Navarra trinkt man nach dem Essen einen *pacharán,* einen Schnaps aus Anis und Schlehen.

Galicien verfügt über hervorragende Weißweine, unter denen der *Albariño* aus Cambados bei Pontevedra herausragt. Prämiert wurden in den letzten Jahren Bodegas wie Gran Bazán, Martin Codax und Condes de Albarei. Auch der leichte, süffige *Ribeiro* aus dem Miño-Tal ist eine Empfehlung. Kenner halten viel von *orujo* (Tresterschnaps). *Queimada,* ein heißes Getränk aus flambiertem orujo, Zitronenschalen und Kaffee, mundet besonders in gemütlicher Runde.

In der Rioja herrscht mediterranes Klima. Dies begünstigt den Anbau des edelsten Tropfens Spaniens (s. S. 60). Der rote *Riojawein* besticht durch fruchtigen Geschmack und einen Alkoholgehalt um 12 %. Zu den bedeutendsten Bodegas gehören Faustino Martínez, Federico Paternina und Marqués de Cáceres.

> ### Edler Schimmel
>
> Käseliebhabern sei der asturische Blauschimmelkäse **cabrales** empfohlen, der aus Kuhbzw. Schafs- und Ziegenmilch hergestellt wird. Drei bis sechs Monate reift er in Höhlen mit über 90 % Luftfeuchtigkeit. Mit Sahne vermischt, dient er häufig als Soße für Lachs *(salmón)* und Forellen *(truchas).*

Urlaub aktiv

Angeln

Für Angeln in den fischreichen Süßwasserflüssen und Stauseen ist ein Berechtigungsschein nötig, der von den zuständigen Provinzbehörden ausgestellt wird. Nähere Informationen erhalten Sie bei den lokalen Touristikämtern.

Golf

Attraktive Golfplätze gibt es insbesondere in den baskischen und galicischen Provinzen. Die Mitgliedschaft in einem Golf-Klub ist keine Voraussetzung für die Nutzung der Anlagen.

Real Federación Española de Golf, Capitán Haya 9, 28020 Madrid, Tel. 915 55 26 82, Fax 915 56 32 90. Informationen und Überblicksplan über spanische Golfeinrichtungen.

Reiten

Reitschulen bieten in Navarra, Asturien, Galicien und Kantabrien (durch die Picos de Europa s. S. 72) Exkursionen zu Pferd an. Infos vom Dachverband:

Federación Hípica Española, Monte Esquinza 8, 28010 Madrid, Tel. 915 77 78 92 Fax 915 75 08 44.

Sprachkurse

Einen Aktivurlaub anderer Art bieten die Sprach- und Unikurse. Besonders an den westlichen Rías Baixas haben

Bergführer sorgen bei Touren im Hochgebirge für Sicherheit

sich einige inzwischen recht bekannte Schulen etabliert, die auch für Unterkunft und Freizeitaktivitäten sorgen. In Donostia und Santander finden die beliebten Unikurse für Ausländer statt (s. S. 31, 37).

Tipp Eine empfehlenswerte Sprachschule an der Westküste Galiciens ist: **Ibérica,** Colombia 10, 3°, 15200 Noia, E-Mail: iberica@lander.es.

Wandern

Für Wanderungen bietet sich das gesamte Hinterland, besonders aber das Hochgebirge Asturiens und Kantabriens an. Sehr beliebt ist auch der Jakobsweg (s. S. 10 f.) Die schönste Route in den Picos de Europa führt durch die Garganta de Cares (s. S. 74).

Im baskischen Gasteiz organisiert eine Umweltschutzgruppe (s. S. 28) Wanderungen in die Umgebung. Wanderkarten gibt es vor Ort im Buchhandel; Wanderführer sind allerdings meist nur in Spanisch erhältlich.

Urlaub aktiv

Union de Empresas de Turismo Activo, Plaza de San Roque s/n, 33500 Llanes, Tel. 985 40 05 65, Fax 985 40 10 19. Organisierte Wanderungen in den Picos de Europa.
- **Grupo Ecologista Alavés,** Postas 24, Gasteiz/Vitoria, Tel. 945 23 16 33. Touren durch die »alavesische Schweiz«.

Wassersport

Wassersportler kommen fast überall auf ihre Kosten. Segler zieht es besonders in das Gebiet zwischen Bilbo und Santander, Surfer und Wellenreiter an die Ría de Cedeira nördlich von Ferrol und zu den kantabrischen Buchten von San Vicente de la Barquera und Santander. Nordspaniens Strände gelten als weniger sonnensicher als die Playas am Mittelmeer, im Sommer bilden sie aber – schön gelegen und weniger überlaufen – durchaus eine Alternative.

A Lanzada in Galicien und El Sardinero in Santander sind zwei von insgesamt 46 Stränden, die für ihre gute Wasserqualität die Blaue Flagge der EU erhielten. Aber auch kleine verträumte Buchten laden zum Baden ein. Am wärmsten wird das Wasser an den flachen, galicischen Rías Baixas südlich von Noia.

Wer gerne mit dem Kanu unterwegs ist, dem bietet sich eine große Auswahl unter den asturischen und galicischen Flüssen. Freunde von Kanurennen sollten sich nach dem Termin (im August) für den Wettbewerb auf dem Río Sella erkundigen.

Federación Gallega de Piragüismo, Avenida de Corbaceiras 58, Pontevedra, Tel. 986 89 65 37, Fax 986 85 11 08. Der Verband der Kanufahrer erteilt Infos.

Unterkunft

Bis auf wenige Touristenzentren wie das galicische Sanxenxo ist Nordspanien von Hotelklötzen bislang verschont geblieben. Obgleich sich die Besucherzahlen in Grenzen halten, hat man vom Campingplatz bis zur Luxusherberge eine ganze Palette an Unterkünften zur Auswahl. Die Fremdenverkehrsämter versenden auf Anfrage ein jährlich aktualisiertes Verzeichnis, in dem Hotels und Appartements nach Preisen und Ausstattung aufgelistet sind.

Hotels

Hotels (H) sind von einfach (*) bis luxuriös (*****) in fünf Kategorien gegliedert; Lage und Ambiente sind dabei allerdings nicht berücksichtigt. Hostales (Hs) sind in der Regel etwas einfacher ausgestattet als Hotels, dafür ist die Atmosphäre oft familiärer. Steht an einem Hotel oder Hostal der Zusatz *residencia*, dann besitzt die Unterkunft keinen Speisesaal. Unter Pensión, Fonda und Hospedaje sind sehr einfache Bleiben zu verstehen, die gerne für längere Aufenthalte genutzt werden. Besonders die einfachen Herbergen mit Bad im Flur sollte man sich unbedingt vorher ansehen.

Tipp Selbst äußerst komfortable Hotels reduzieren ihre Preise von September bis Juni bis um die Hälfte. In Donostia und Santiago de Compostela muss man Unterkünfte für Juli/August unbedingt vorher buchen. Besonders während der Stadtfeste findet man vor Ort kaum noch eine Bleibe. Wer telefonisch buchen will, sollte über Spanischkenntnisse verfügen.

Unterkunft

Einst ein königliches Pilgerhospiz: der Parador von Santiago

Campingplatz am Lago de Enol

Paradores

Diese gehobenen Hotels unter staatlicher Leitung sind häufig in historischen Gebäuden wie Klöstern untergebracht, neuere Bauten zeichnen sich zumindest durch eine bevorzugte Lage aus. In den zugehörigen Restaurants werden regionale Spezialitäten serviert. Auskunft und Buchung bei:

Ibero-Hotels, Steinstr. 21, 40210 Düsseldorf, Tel. 02 11/86 41 50, Fax 8 64 15 29.

Im Internet findet man unter der Adresse **www.parador.es** die in diesem Band erwähnten sowie alle anderen spanischen Paradores.

Ferien auf dem Land

Wer Urlaub in einem traditionellen Landhaus machen möchte, findet in Nordspanien ein breites Angebot vor. Die Übernachtungskosten sind günstiger als in Hotels, die Häuser zumeist schön gelegen und recht komfortabel. Broschüren über diese **casas rurales** erhält man bei den Tourismusämtern.

Asturien: Tel. 985 21 33 85;
Baskenland: Tel. 946 20 11 88;
Galicien: Tel. 981 54 25 00;
Kantabrien: Tel. 942 36 20 54;
La Rioja: Tel. 941 29 12 60;
Navarra: Tel. 948 22 93 28.

Campingplätze

Hauptsächlich an der Küste und in der Umgebung großer Städte, aber auch in den Gebirgsregionen der Picos de Europa findet man Campingplätze. Die meisten Plätze sind nur während der Saison von Juni bis Ende September geöffnet. Ein Verzeichnis der Campingplätze gibt es kostenlos bei den Fremdenverkehrsämtern (S. 100 f.).

Jugendherbergen

Jugendherbergen *(albergues juveniles)* sind in Nordspanien relativ spärlich vertreten. Zudem haben etliche nur in der Hauptsaison geöffnet.

Deutsches Jugendherbergswerk, Bad Meinberger Str. 1, 32760 Detmold, Tel. 0 52 31/99 36 76; www.djh.de.

Reisewege und Verkehrsmittel

Anreise

Mit dem Auto
Aus Norddeutschland reist man über Paris, Tours, Bordeaux und Biarritz an, für Süddeutsche, Schweizer und Österreicher empfiehlt sich die Route über Lyon, Montpellier, Toulouse und Biarritz mit einem Zwischenstopp in Frankreich. Autobahnen in Frankreich und Spanien sind gebührenpflichtig.

Mit dem Flugzeug
Linienflüge führen über Barcelona oder Madrid nach Donostia/San Sebastián, Gasteiz/Vitoria, Bilbo/Bilbao, Santander, Gijón, Oviedo, A Coruña, Santiago de Compostela und Vigo. Auskünfte erteilen Reisebüros und Fluggesellschaften.

Mit Bahn und Bus
Zur Atlantikküste fahren Züge über Paris (Bahnhofwechsel) und Hendaye/Irún. Relativ teure Autoreisezüge verkehren im Sommer bis Biarritz. Über Sondertarife in Frankreich (»Billets de Séjour«) informieren Reisebüros. Für die preisgünstige Anreise mit dem Bus braucht man Sitzfleisch.

> **Deutsche Touring**, Am Römerhof 17, 60486 Frankfurt/M., Tel. 0 69/7 90 3-50, Fax 7 90 3-2 19, www.deutsche-touring.com.

Reisen im Land

Mit dem Auto
Autofahrer benötigen den nationalen Führerschein, die nationale Zulassung, die grüne Versicherungskarte und am Fahrzeug das Nationalitätskennzeichen. Mietwagen können bei internationalen und nationalen Autoverleihfirmen an Flughäfen und in größeren Städten gegen Vorlage des Führerscheins ausgeliehen werden. Für die Picos de Europa sollte man wegen der schmalen Wege ein kleineres Modell wählen.

Als Höchstgeschwindigkeiten gelten: auf Autobahnen 120 km/h, auf Landstraßen 90 km/h und in geschlossenen Ortschaften 50 km/h. Es besteht Anschnallpflicht; Promillegrenze: 0,5.

In den großen Städten wird die Suche nach einem Parkplatz zum Problem. Im Zentrum herrscht meist Parkverbot; die Parkhäuser sind teuer. Wer an gelb markierten Bordsteinen parkt, wird abgeschleppt. Die blauen Markierungen bedeuten: Ticket am nächstliegenden Automaten ziehen.

Bus und Bahn
Beide Varianten sind zeitaufwändig; Busse sind meist preiswerter und verkehren häufiger.

Neben der Staatsbahn RENFE existiert die private Schmalspurbahn FEVE. Letztere bietet eine schöne Nostalgiefahrt mit dem **Transcantábrico** an, der zwischen Bilbo (Bilbao) und Santiago de Compostela acht Tage lang zu den schönsten Ausflugszielen fährt. Das rollende Hotel besteht aus drei Salon- und vier Schlafwagen; Mittag- und Abendessen nimmt man in Gourmetrestaurants ein. Der Pauschalpreis für die 1000 km lange Strecke beträgt im Doppelabteil über 1200 €.

> Die Spanischen Fremdenverkehrsämter oder **FEVE** in Madrid (Tel. 915 33 70 00) erteilen Auskünfte. **RENFE**-Infos im Internet: www.renfe.es

**Donostia/San Sebastián

Belle Époque auf Baskisch

Wenn Liebe durch den Magen geht, dann werden Sie sich wahrscheinlich in Donostia/San Sebastián verlieben. Die Kreationen der Starköche, aber auch der schönste Stadtstrand auf der Iberischen Halbinsel, genannt La Concha (»Die Muschel«) sind ein wahrer Genuss. Wer nach dem Essen abends die beleuchtete Strandpromenade entlangspaziert, sieht weiße Eisenlaternen, weiße Strandgitter, ja sogar weiße Mülltüten. Einige architektonische Zeugnisse aus Donostias Belle Époque mit ihrer noblen mondänen Lebensart sind erhalten geblieben. Sie lassen Bilder aufleben von den Strandanzügen der 1920er-Jahre, von Lebemännern mit Oberlippenbärtchen am Kasinotisch und vornehmen Damen, die durch die Stadt flanieren.

Noch heute gibt sich Donostia großzügig, besonders in der Stadtentwicklung. Die Hauptstadt der Provinz Gipuzkoa (175 000 Einw.) ist der Gegenbeweis für die vermeintliche baskische Engstirnigkeit.

Geschichte

Wie der der baskischen Sprache ist auch der Ursprung der Stadt ungeklärt. Erstmals 1014 erhielt der Fischerort eine Stadturkunde und wurde 200 Jahre später von Kastilien wegen seiner strategisch günstigen Lage mit Privilegien bedacht. Das lohnte sich: Die Stadt wehrte 1512 erfolgreich französische Truppen ab und erhielt den Ehrentitel Noble y Leal (»vornehm und treu«).

Seite 33

Doch Kriege gegen die Franzosen sollten nicht immer so glücklich verlaufen. Das Schlimmste, was einer Stadt passieren kann, ereignete sich 1813 kurz vor Ende des spanischen Unabhängigkeitskrieges gegen Napoleon: Sie brannte fast vollständig nieder. Geblieben sind wenige Kirchen und Gassen um den Straßenzug Calle Mayor. Im Verlauf des 19. Jhs. entwickelte sich die Stadt zum nordspanischen Seebad des Adels. Man baute ein Kurbad, es entstanden Kasinos, Bäder und weite Plätze.

Im Stadtbild hat sich seither manches verändert. Wo einst das mondäne Gebäude mit Namen »Kursaal« stand, wird heute ein gewaltiges Kongresszentrum errichtet.

In den 1960er-Jahren formierte sich in Donostia der baskische Widerstand gegen den Zentralismus. Noch heute gilt die Stadt als die Hochburg der ETA, die vornehmlich Lokalpolitiker bedroht. Von Plakaten einmal abgesehen, bleiben Besucher davon jedoch weitgehend unbehelligt.

*Teatro Victoria Eugenia Antzokia ❶

Ein guter Ausgangspunkt für einen Spaziergang ist das im Belle-Époque-Stil errichtete Teatro Victoria Eugenia Antzokia. Das Bauwerk aus dem Jahre 1912 ist Veranstaltungsort des glamourösen Filmfestivals im September, in der übrigen Zeit werden darin Theaterstücke, Ballette und Konzerte präsentiert.

Im Erdgeschoss ist das Tourismusamt eingerichtet, gegenüber ein Kulturbüro und das Büro für das Filmfestival (vgl. S. 23).

**Donostia/San Sebastián

Blick auf La Concha

Die Altstadt

Vorbei an der lebhaften Markthalle Mercado de la Breba gelangt man zum Herzstück der Altstadt, der *Plaza de la Constitución. Der bis zur Ungemütlichkeit renovierte und besenrein gepflegte Platz ist bevorzugter Schauplatz politischer Demonstrationen und ein beliebter Treffpunkt für Nachtschwärmer. An den Balkonen der den Platz säumenden Häuser sind Nummern aufgemalt, weil man sie einst bei Stierkämpfen in Zuschauertribünen umfunktionierte.

Nördlich der Plaza liegt die älteste Kirche der Stadt, die *Iglesia de San Vicente ❷. Wehrhaft wirkt das Äußere des im gotischen Stil errichteten Sakralbaus. Gegen Ende des 16. Jhs. entstand im Innern der geschnitzte Hochaltaraufsatz.

Barandiarán, Boulevard Ecke C. Mayor. Beliebtes Altstadt-Café mit moderaten Preisen.

Wesentlich verspielter zeigt sich dagegen die *Iglesia de Santa María ❸ am Ende der Calle Mayor und am Fuße des Berges Monte Urgull. Sie liegt in einer Fluchtlinie mit der ca. 1 km entfernten neugotischen Kathedrale Buen Pastor (1897). Die churrigueresque Fassade der Iglesia de Santa María zeigt hoch über dem Portal die Statue des von Pfeilen durchbohrten

Der Stadtpatron schmückt die Fassade der Iglesia Santa María

Stadtpatrons San Sebastián. Im Inneren ist ein Flügelaltar mit Gemälden von Robert Michel sehenswert.

Auf der **Plaza Trinitate** ❹ mit historischer Kulisse wird wochentags gegen 19 Uhr gelegentlich das baskische Ballspiel Pelota ausgetragen. Vier weiß gekleidete Spieler schlagen in einer Mischung aus Tennis und Squash den Ball mit der bloßen Hand gegen die Wand.

**Museo de San Telmo ❺

Das im Stil der italienischen Renaissance erbaute Dominikanerkloster San Telmo gleich daneben beherbergt nunmehr das Museo de San Telmo. Der Eingang zum Museum, das nach dem gleichnamigen baskischen Maler benannt ist, befindet sich an der Plaza de Zuloaga. Der **Kreuzgang** birgt hochinteressante Steinscheiben und Grabkreuze aus dem 15.–17. Jh. In der Gemäldegalerie sind berühmte Maler wie El Greco und Peter Paul Rubens sowie national bekannte Maler wie

**Donostia/San Sebastián

José Sorolla und baskische Künstler zu sehen. Das Ölgemälde »La fiesta de la Cofradía de Aztara« von Antonio Ortiz Echagüe aus dem Jahre 1909 beispielsweise zeigt eine baskische Versammlung mit zahlreichen Trachten.

Im **Museum** lohnt auch der Besuch der archäologischen und der ethnografischen Abteilung. Erstere zeichnet sich durch eine außergewöhnliche Sammlung von Stelen aus. Textilien, Handwerkszeug und Möbel vermitteln dagegen baskische Kultur- und Alltagsgeschichte (Di–Sa 10.30–13.30, 16–20 Uhr, So 10.30–14 Uhr).

*Monte Urgull ❻

Von der Plaza de Zuloaga aus geht einer von mehreren schweißtreibenden Fußwegen hinauf zum Monte Urgull. Auf dem 139 m hohen Berg ist nicht nur der Rest der Festung **Castillo de Santa Cruz de la Mota** (Militärmuseum) und eine überdimensionale Christusstatue (1950) zu sehen, sondern von dort genießt man auch einen Blick auf das Stadtzentrum in seiner ganzen Pracht. Unterwegs kommt man vorbei an einigen verstreuten Gräbern, einer Bar und schattigen Anlagen, die zu einer kurzen Verschnaufpause einladen.

Seite 33

❶ Teatro Victoria Eugenia Antzokia
❷ Iglesia de San Vicente
❸ Iglesia de Santa María
❹ Plaza Trinitate
❺ Museo de San Telmo
❻ Monte Urgull
❼ Aquarium
❽ Paseo de la Concha
❾ Palacio Miramar
❿ Monte Igueldo

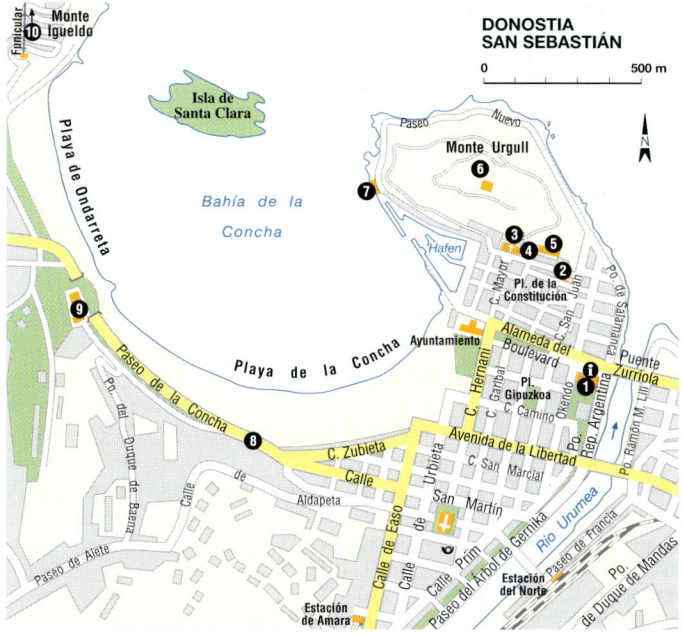

**Donostia/San Sebastián

Der Hafen spielte für die Entwicklung Donostias immer eine herausragende Rolle

*Aquarium ❼

Wer den Berg umrundet, gelangt über den 1919 angelegten Paseo Nuevo zum Aquarium, das im Palacio del Mar untergebracht ist. Ein gläserner Gang führt durch die Meereslandschaft. Das Museum vermittelt auf drei Stockwerken einen guten Überblick über die Meeresfauna und die Seefahrtgeschichte. Zu sehen sind Exponate aus dem Kantabrischen Meer, darunter Schildkröten, Seesterne und Muränen (Sommer 10–22, sonst bis 20 Uhr).

Die Concha

Der Weg führt nun vom Hafen aus die **Strandpromenade Paseo de la Concha** ❽ entlang, vorbei an Belle Époque-Gebäuden wie dem Rathaus (ehemaliges Kasino) und dem Hotel Londres, Cafés und einer Diskothek. Man hat einen schönen Blick auf die vorgelagerte Insel Santa Clara, die im Sommer vom Sporthafen aus per Boot besucht werden kann.

Auf einem Felsvorsprung zwischen Playa de la Concha und Playa de Ondarreta liegt der ***Palacio Miramar*** ❾. Der englische Architekt Selden Wornum ließ den Palast und die frei zugängliche Parkanlage für Königin María Cristina 1893 fertig stellen. Seit den 1970er-Jahren gehört er der Stadt, die in den Räumen von Juni bis September die berühmten Sommerkurse für Sprache und Kultur organisiert.

> **Secretaría de los Cursos,** Palacio Miramar, 20007 Donostia, Tel. 943 21 95 11, Fax: 943 21 95 98.

*Monte Igueldo ❿

Etwas westlich des Palacio Miramar eröffnet sich vom »Hausberg« Monte Igueldo einer der schönsten Blicke auf die Stadtbucht. Vom Ondarreta-Strand aus bei den Tennisplätzen startet der Funicular, eine Standseilbahn aus dem Jahr 1912 (im Sommer bis 22 Uhr) zu der Bergspitze mit Observatorium, kleinem Zoo, Wachsfigurenkabinett, Restaurant und altem Wachturm.

Infos

> **Stadtinfos:** Reina Regenta 8, Tel. 943 48 11 66,
Fax 943 48 11 72,
www.sansebastianturismo.com;
■ **Infos zum Baskenland,** Paseo de los Fueros 1, Tel. 943 42 62 82.

Flughafen 20 km östlich bei Hondarribia, Tel. 943 66 85 00. Inlandflüge, u. a. Madrid und Barcelona.
Bahnverbindungen zu allen größeren Städten Nordspaniens, nach Gasteiz/Vitoria 9x tgl., Tel. 943 28 35 99.

Linienbusse zu vielen Orten, Tel. 943 47 08 15. Flughafenbus ab Plaza Gipúzkoa (Interbus, Linie Donostia–Hondarribia).
Fährverbindungen: u. a. zur Insel Santa Clara.
Parkplätze: Blau markierte Plätze im Zentrum mit Parkschein, Parkhäuser überteuert, evtl. Gepäck abladen und außerhalb auf Lückensuche gehen.
Taxi: Tel. 943 46 76 66.

 Londres y de Inglaterra, Zubieta 2, Tel. 943 42 69 89, Fax 943 42 00 31, E-Mail: h.londres@paisvasco.com. Luxushotel mit Blick auf die Concha-Bucht, Kasino. ○○○
▍ **Niza,** Zubieta 56, Tel./Fax 943 42 66 63, www.adegi.es/hotelniza. Malerisch an der Concha-Bucht gelegen, stilvoll, etwas preiswerter als das Londres. Parkmöglichkeit. ○○○
▍ **Parma,** General Jaúregui 11, Tel. 943 42 88 93, Fax 943 42 40 82; www.hotelparma.com. Komfortables Hotel am westl. Rand der Altstadt, behindertengerecht. ○○
▍ **Añorga,** Easo 12, Tel. 943 46 79 45. Sehr einfach, aber gut gelegen, Bad (meist) im Flur. ○

 Arzak, Alto de Miracruz 21, Tel. 943 27 84 65. So abends und Mo geschl. Die Nr. 1 der Nouvelle Cuisine im Baskenland. Es kocht Juan Mari Arzak. ○○○
▍ **Casa Nicolasa,** Aldamar 4, Tel. 943 42 17 62. So/Mo geschl. In dem alten Spitzenrestaurant gibt es die üppige Fischsuppe *Txangurro a la Donostiarra* oder die Kiemenbacken vom Seehecht, *kokotxas.* ○○○
▍ **Casa Tiburcio,** Fermín Calbetón 40, Tel. 943 42 31 30. Der Fisch ist frisch, und der Wirt sympathisch. Zum Seehecht passt der Weißwein *txakolí.* ○○
▍ **Chomin,** Avda. de la Infanta Beatriz 16, Tel. 943 21 07 05. So geschl. Spezialitäten sind Rebhuhn, Kabeljau. ○

Bis gegen Mitternacht tummeln sich die Nachtschwärmer in der Altstadt, danach geht es im Viertel

---

Internationales Filmfestival

Wenn Al Pacino, Carlos Saura und Mira Nair gleichzeitig durch Donostia flanieren, kann das nur einen Grund haben: das Festival Internacional de Cine. Seit über einem halben Jahrhundert treffen sich die Leinwandstars und ihre Regisseure im Teatro Victoria Eugenia Antzokia zur Präsentation ihrer Werke.

Die Stadt erträgt während des jährlich im September inszenierten Festivals bis zu 200 000 Schaulustige. Und weil die nicht alle in das schmucke Theater passen, werden die Filme (preiswerter auch) in den Lichtspielhäusern gezeigt. Der Wermutstropfen: Wer die lange Nase von Gerard Depardieu oder die Rehaugen der Spanierin Ingrid Rubio sehen will, muss schon ein wenig Glück haben, denn die Karten kann man nicht im Voraus bestellen. Am Theaterschalter kosten sie zwischen 8 und 80 Euro.

Information: Festival Internacional de Cine de San Sebastián, Plaza Okendo s/n, 20004 San Sebastián, Tel. 943 48 12 12, Fax 943 48 12 18, www.sansebastianfestival.ya.com (Mo–Fr 10–14, 16–19 Uhr).

Reyes Católicos weiter. Beliebt ist die Freilichtdisko **Piscina**. Karibische Klänge bietet das **Tenis**. (Beide an der Playa de Ondarreta.)

Mercado de la Breba, an der Alameda del Boulevard (Mo–Sa vor- und nachmittags). Baskische Spezialitäten.

▌ **Basarte,** San Jerónimo 18. Eine Fundgrube für Baskenmützen. Wie man die *txapela* (kastil.: *boina*) stilgerecht trägt, erklären die Verkäufer.

Ausflüge

*Hondarribia

Weniger mondän als in Donostia geht es in Hondarribia/Fuenterrabía (20 km östl., 12 000 Einw.) zu. Ein Bummel entlang der Stadtmauer führt durch die verwinkelten Altstadtgassen zur hoch gelegenen Plaza de Armas mit bunten Wohnhäusern und der wuchtigen Burg Castillo de Carlos V, die ebenso streng wie zweckmäßig erscheint.

> ### Tapas-Bars
>
> Donostia gilt als die Hauptstadt der Tapas (baskisch: *pintxos*).
> ▌ **Casa Alcalde,** Mayor 19. Die Bar ist eine Institution: Thunfischsalat *(ensalada de bonito)* und Zwiebelkuchen *(pastel de cebolla)*.
> ▌ **Haizea,** Aldamar 8. Pfefferschoten-Mousse *(mousse de pimientos)*.
> ▌ **Txepetxa,** Pescadería 5. Die Tapas werden auch mal mit Kokosnuss oder Papaya angerichtet. Berühmt sind die Anchovis mit Seespinnen-Creme *(anchoas con centollos)*.

Oficina de turismo, Javier Ugarte 6, Tel. 943 64 54 58.

Castillo de Carlos V, Parador-Hotel, Tel. 943 64 55 00, Fax 943 64 21 53; www. parador.es. ○○○

Westlich von Donostia

15 km westlich von Donostia liegt das Seebad **Zarautz** (16 000 Einw.) mit Ferienwohnungen, Diskos und weitem Sandstrand. In der Umgebung wird der beliebte Weißwein txakolí angebaut.

Wenige Kilometer weiter westlich gelangt man zum wesentlich ruhigeren, typisch baskischen Fischerort *****Getaria** (2000 Einw.) mit der gotischen Kirche San Salvador auf einer Landzunge. Es gibt Wassersportmöglichkeiten, einen herrlichen Strand und gute Fischrestaurants.

▌ **Talai-Pe,** Puerto Viejo de Getaria s/n, Tel. 943 14 06 13, So abend geschl. Das Restaurant am Hafen ist auf Meeresfrüchte spezialisiert. Suchtgefahr! ○○

Sechs Kilometer von Getaria entfernt liegt der im Stadtkern schmucke Ort **Zumaia** (8200 Einw.) an der Mündung des Urola. Neben einigen Herrenhäusern und der festungsartigen Kirche San Pedro ist Zumaia durch das Museum Zuloaga an der Plaza de Santiago bekannt. Zu sehen sind nicht nur Werke des baskischen Malers Ignacio Zuloaga (1870–1945), der neben Genreszenen mit Musikanten, Bettlern und Zigeunern auch Porträts nobler Herrschaften malte, sondern auch Werke von El Greco, Zurbarán und Goya (Jan.–Sept. Mi–So 16–20 Uhr).

Beliebt bei den Einheimischen sind die Strände Santiago und Itzurun.

*Santander

Der bescheidene Charme Kantabriens

Santander gleicht einer Señora aus Stein, die sich am Meer sitzend Luft zufächelt und darüber nachsinnt, warum sie nie so schön war wie ihre östliche Schwester Donostia/San Sebastián. Die ewigen Vergleiche mit dem vermeintlich noch schöneren Kasino, der noch schöneren Bucht, der noch besseren Sommeruniversität, den noch prunkvolleren Palästen Donostias scheinen sie aber letztendlich nicht zu stören. Besuch bekommt sie schließlich häufig, ihre zahlreichen attraktiven Strände wirken wie ein Magnet, und die Komplimente haben es in sich: Als Vorsitzende Kantabriens sei sie genau die Richtige. Ihr, dem alten Seebad, sagt man einen ungeheuren Sinn für Lebensqualität nach. Dem könne kaum jemand in Spanien, ja auf der Iberischen Halbinsel das Wasser reichen.

Das ehrt die Señora, die sich selbst eher nüchtern betrachtet, die weiß, dass sie nicht nur anmutig sein kann, wie in den Vierteln El Sardinero oder Magdalena, sondern auch etwas spröde und betriebsam wie in ihrem Zentrum. Intelligenz sagt man ihr nach; jeden Schicksalsschlag könne sie auffangen. Wenn sie ihre Vergangenheit Revue passieren lässt, kann sie das nur bestätigen.

Geschichte

In der Nacht vom 15. auf den 16. Februar 1941 wehte ein starker Südwind. Kurz nachdem in einem Straßenzug Feueralarm gemeldet worden war, weitete sich der Brand durch den Wind angefacht blitzartig aus und vernichtete große Teile der Altstadt. Mehr als 20 000 Menschen wurden über Nacht obdachlos. Dies war die zweite Katastrophe innerhalb von 50 Jahren, nachdem 1894 eine illegale Dynamitladung an Bord eines Schiffes große Teile des traditionsreichen Hafens zerstört hatte. Doch die Stadtarchitekten nahmen auch diese Herausforderung an und schufen ein ansehnliches modernes Stadtbild mit weiten Plätzen und höchstens fünfstöckigen Häusern. Historische Bauten gingen bei dem Brand zugrunde, nicht aber die Erinnerung an Santanders große Zeiten.

Bereits die Römer schätzten die Hafenbucht, von wo aus 1248 die Königliche Flotte zur Eroberung des maurischen Sevilla auslief. Vom 16. bis 19. Jh. blühte der Seehandel mit Amerika, wobei Mehl ein Hauptexportgut war. Wegen ihrer schönen Strände wuchs die Stadt im 19. Jh. als Seebad zu einer ernsthaften Konkurrentin Donostias heran. Heutzutage ist die 200 000 Einwohner zählende Metropole besonders bei spanischen Gästen beliebt.

Die Altstadt

Kernpunkte der auf einem Hügel gelegenen Altstadt sind die **Plaza Porticada** ❶ und die Plaza del Generalísimo mit dem Rathaus und der dahinter liegenden, gusseisernen *Markthalle.

Westlich davon liegt das **Museo Municipal de Bellas Artes** ❷. Das Museum der schönen Künste zeigt vorwiegend lokale Künstler wie Casimiro Sainz, Manuel Salces und Agustín Riancho sowie ein Originalporträt (»Fernando VII«) von Goya (Mo–Fr 10.30 bis 13, 17.30–20 Uhr, Sa 10.30–13 Uhr).

Von hier aus geht es hinauf zu der östlich gelegenen *Kathedrale ❸. Sie wurde auf ihrer romanisch-gotischen Vorgängerin **El Cristo errichtet, unter der sich wiederum – durch eine Glasabdeckung sichtbar – Reste römischer Thermen und einer Basilika befinden. El Cristo dient heute als Krypta. In dem niedrigen Gebäude befinden sich Reliquien der Stadtpatrone San Emeterio und San Celedonio. Hier ruht der Schriftsteller und Gelehrte Marcelino Menéndez Pelayo (1856 bis 1912), der wohl berühmteste Sohn Santanders. Das Weihwasserbecken, das einst als maurischer Brunnen in Sevilla für rituelle Waschungen benutzt wurde, gelangte als Beutestück der Reconquista nach Santander.

Rund um den Hafen

Vorbei an der am **Puerto Chico** ❹ liegenden Gartenanlage Jardines de Pereda erreicht man das kleine **Museo de Prehistoria y Arqueología** ❺ (Archäologie-Museum), das im Gebäude der Provinzverwaltung untergebracht ist. Zu sehen ist eine prähistorische Sammlung u. a. mit lokalen Höhlenfunden aus der Cueva El Castillo und El Pendo, römischen Münzen und keltischen Grabstelen (Di-Sa 10–13, 16 bis 19 Uhr, So 11–14 Uhr).

Über die Calle de Juan de la Cosa geht es vorbei an dem unter den Einwohnern umstrittensten Bauwerk Santanders: dem modernen **Palacio de Festivales** ❻ von Francisco Javier Sáenz de Oiza mit bühnenhaftem Äußeren. Der moderne Monumentalbau hebt sich auch farblich von der traditionellen Architektur ab: in verblassendem Rot, Blau und Grün.

Die Kathedrale von Santander

Tipp Im Palacio de Festivales findet im August das **Internationale Musik- und Tanzfestival** mit bemerkenswerten Darbietungen statt.

Seite 40

Richtung Halbinsel Magdalena gelangt man zum *Museo Marítimo ❼ mit einer beachtlichen Sammlung zur Meeresbiologie. (Di-Sa 11–13, 16 bis 19 Uhr, So 11–14 Uhr). Hinter dem Museum beginnen die Stadtstrände Los Peligros, La Magdalena und Biquinis.

*Palacio Real ❽

Die Península de la Magdalena ist ein sommerlicher Tummelplatz mit einem kleinen Zoo, Sportanlagen und nicht zuletzt dem Palacio Real. In der um die Jahrhundertwende in englischem Stil erbauten Königsresidenz, einem Geschenk der Stadt an König Alfonso XIII, ist heute die berühmte Internationale Sommeruniversität Menéndez Pelayo untergebracht. 1932 errichtet, war sie die erste derartige Institution in Spanien überhaupt.

! Näheres erfährt man im **Secretaría de Alumnos de la UIMP,** Avenida de los Castros s/n, 35005 Santander, Tel. 942 36 00 55, Fax 942 28 08 16). Im Internet: www.uimp.es/santander/

*El Sardinero ❾

Westlich der Halbinsel liegt das Villenviertel El Sardinero hinter dem gleichnamigen herrlichen Strand (wie die Halbinsel Magdalena auch mit dem Bus zu erreichen). Das Gran Casino im Belle-Époque-Stil, die Diskos, Restaurants und Bars in dem Viertel um die Plaza de Italia sind in den Sommermonaten mehr als gut besucht.

*Santander

Seite 40

Infos

Stadtinfos, Jardines de Pereda,
Tel. 942 21 61 20.
Informationen zu Kantabrien: Plaza Porticada s/n, Tel. 942 31 07 08.

Flughafen Parayas, 4 km südlich gelegen, Inlandflüge,
Tel. 942 20 21 00.
Bahnhof: Plaza Estaciones,
Tel. 942 28 02 02. Verbindungen u. a. nach Bilbo/Bilbao und Oviedo.

❶ Plaza Porticada
❷ Museo Municipal de Bellas Artes
❸ Kathedrale
❹ Puerto Chico
❺ Museo de Prehistoria y Arqueología
❻ Palacio de Festivales
❼ Museo Marítimo
❽ Palacio Real
❾ El Sardinero

*Santander

Busbahnhof: Navas de Tolosa s/n, Tel. 942 21 19 95. Verbindungen zu größeren Orten, nach Irún und Madrid.
Stadtbusse: Zwischen Zentrum und Sardinero zwischen 7 und 22 Uhr, im Sommer auch nachts.
Schiffsverbindungen: A Coruña, Vigo. Ausflüge der Gesellschaft Los Reginas ab Embarcadero Lanchas zu den Stränden Pedreña y Somo gegenüber der Bucht, Tel. 942 21 67 53.
Parkplätze: Nur außerhalb des Stadtzentrums gebührenfrei.
Taxi: Tel. 942 33 33 33.

Hotel Real, Paseo Pérez Galdos 28, Tel. 942 27 25 50, Fax 942 27 45 73, E-Mail: realsantander@husa.es. Kantabriens Tophotel im Belle Époque-Stil, Blick auf die Halbinsel Magdalena, ab 145 € /Nacht im DZ. ○○○
▪ **Las Brisas,** La Braña 14, Tel. 942 27 50 11, Fax 942 28 11 73; www.intercan.net/turican/_rcs/es/santander/h_brisas/h_brisas.htm. Familiäres Landhaus (19. Jh.) nahe dem Sardinero-Strand, Frühstück auf der Terrasse. ○○○
▪ **Central,** General Mola 5, Tel. 942 22 24 00, Fax 942 36 38 29; www.el central.com. Nahe dem Puerto Chico. ○○
▪ **Hostal Luisito,** Avda. de los Castros 11, Tel. 942 27 19 71. Einfache Zimmer ohne Bad, 50 m vom Sardinero-Strand. Parken kein Problem. ○

 Bodega del Riojano, Río de la Pila 5, Tel. 942 21 67 50. Berühmt für die dekorativ bemalten Fässer, den alten Steinfußboden, die Rioja-Weine und die gefüllten Pfefferschoten. ○○
▪ **Zacarías,** Hernán Cortés 38, Tel. 942 21 06 88. Kulinarisch ergiebig, preisgekrönte Spezialitäten des Hauses: Kabeljau und Seehecht. ○○

▪ **Bodega Cigaleña,** Daoiz y Velarde 19, Tel. 942 21 30 62. Weinmuseum und gemütliches Restaurant zugleich. ○○

> Seite 40

Im Viertel Sardinero verlocken die Terrassenlokale um die Plaza de Italia zum abendlichen Drink, im Zentrum konzentriert sich das Nachtleben um die Plaza de Cañadío. Für Tanzbegeisterte empfiehlt sich das **María** am Puerto Chico sowie das **La Luna** in der Calle General Mola. Vor Mitternacht tut sich dort aber gar nichts.

Um die Plaza Porticada liegt das kommerzielle Viertel von Santander mit der schönsten Markthalle Kantabriens.
▪ **Reigadas,** Vargas 55. Feinkostladen, in dem Kalorienbomben à la Biskuitkuchen und Sahnetörtchen Trumpf sind.

Ausflüge

Safaripark
Über die N 634 erreichen Sie den ****Parque de la Naturaleza Cabárceno,** der etwa 17 km südlich von Santander bei Sarón in einem bizarren

---

Fest der Nostalgie

Das Gran Casino im Stadtteil Sardinero gibt die Kulisse für das seit kurzem wieder eingeführte nostalgische Fest **Baños de Ola** ab: Mitte Juni feiern die Bewohner Santanders hier vier Tage lang die mondäne Zeit der Jahrhundertwende mit entsprechender Bademode, Menüs und Fortbewegungsmitteln.

Seite 40

ehemaligen Minengelände liegt. Der 800 ha große Natur- und Wildpark wurde 1990 eingeweiht, nachdem die letzten Arbeiter erst 1989 die Gruben verlassen hatten, deren Geschichte sich bis zu den Römern zurückverfolgen lässt. Heute tummeln sich zwischen rötlichen, bis zu 10 m hohen Kalkfelsen, die durch den Abbau von Eisenerz freigesetzt wurden, Tiere aus fünf Kontinenten. Wege, die auch mit dem Auto befahrbar sind, führen zum Teil vorbei an Elefanten, Löwen, Giraffen, Tigern und natürlich den Braunbären (im Sommer 10 bis 21 Uhr, im Winter 10–18 Uhr).

****Cuevas Puente Viesgo**

Auf der N 634 Richtung Torrelavega erreichen Sie die N 623. Drei Kilometer westlich des kleinen Kurbades Puente Viesgo stoßen Sie auf die Cuevas de Puente Viesgo (25 km südwestlich von Santander), Tropfsteinhöhlen, in denen sich Felsritzungen und -malereien der späten Altsteinzeit verbergen. Der Zugang zu der Cueva ist nicht so rigoros reglementiert wie bei der Höhle von Altamira; es werden jedoch nicht mehr als 300 Besucher täglich eingelassen. Also vormittags vorbeischauen.

Als erste Höhle wurde 1903 **El Castillo** entdeckt, die interessanteste Höhle mit schwarzen und rötlichen Zeichnungen , darunter ein Bison auf einem Stalagmiten, Pferde, sternförmige Zeichen und rund 50 Handabdrücke (die bis auf 3 Abdrücke nur linke Hände darstellen), mit denen vermutlich die Überlegenheit des Menschen beschwört werden sollte. Die Führung dauert etwa 45 Minuten.

Die zweite besonders attraktive Höhle ist die **Cueva de las Monedas,** in der Münzen aus dem 16. Jh. gefunden wurden (Di–So 10–12.15, 15 bis 18.15 Uhr).

*A Coruña

Galiciens gläserne Stadt

Die Stadt mit ihren 250 000 Einw. ist nicht nur offen zum Atlantik hin, sie ist auch weltoffen. Die luftigen Glasveranden, die ihr den Namen »gläserne Stadt« gaben, spiegeln die Freude am Handeln wider, einen Hang zu Toleranz und Liberalität. Im Gegensatz zu vielen anderen Städten Galiciens haben hier weder der Adel noch die Kirche je eine bedeutende Rolle gespielt. So findet man in der Stadt auch keine Kathedrale. Als wichtiger Überseehafen und Provinzhauptstadt, der sogar Santiago zugeordnet ist, liegt A Coruñas Altstadt geographisch vorteilhaft auf einer vorgelagerten Halbinsel. Wenige Gassen trennen die Frachtschiffe von der weiten Bucht, die den feierfreudigen Coruñensern Spielgelände, Flanierweg und Badeplatz ist.

Geschichte

A Coruña ist der Ort, von dem aus die »unbesiegbare« Armada 1588 zur Invasion Englands aufbrach, scheiterte, und sich bald darauf der Schiffskanonen des angreifenden Sir Francis Drake erwehren musste. Bei der Verteidigung half insbesondere eine Fleischersfrau namens María Pita, die Flotte Drakes in die Flucht zu schlagen. Ihr ist das größte Stadtfest im August gewidmet.

Am Hafen

Beliebter Ausgangspunkt für eine Stadtbesichtigung sind die fotogenen ****Galerías ❶**, die lichten Glasveran-

*A Coruña

Von der Torre de Hércules genießt man einen weiten Rundblick

den an der Avenida de la Marina am Hafen. Hier liegt auch die von der einheimischen Bevölkerung gern frequentierte Palmenallee ***Jardines de Méndez Nuñez.** Dort hat ein Coruñenser selbst gebaute Pferdchen aus Fiberglas und Polyester aufgestellt, die wie Fahrräder funktionieren und bei den Kindern das populärste öffentliche Spielzeug der Stadt sind. Bevor man von der Flaniermeile aus die Altstadt besucht, lohnt sich ein Abstecher zu den schmalen Gassen Agua und Franja mit ihren zahlreichen Restaurants.

A Coruñas schöner Hauptplatz ***Plaza de María Pita** ist nach der unerschrockenen Stadtheldin benannt, die 1589 A Coruña vor Sir Francis Drake bewahrt haben soll. Hier laden nette Arkadencafés zu einer Pause ein. Bei einem *café con leche* kann

Torre de Hércules

Zwei Kilometer nördlich des Zentrums steht das Wahrzeichen der Stadt: der 50 m hohe Herkulesturm mit seinen 242 Stufen. Der Faktenlage nach bauten ihn die Römer im 2. Jh. zu Zeiten Trajans als Leuchtturm. Die Legende des monumento histórico nacional klingt da schon spannender: Aus einer mittelalterlichen Chronik von Alfonso X dem Weisen geht hervor, dass es sich bei dem Turm um eine Schlachttrophäe handelt. Demnach entdeckte Herkules bei seiner Ankunft in Spanien, dass der Gigant Gerion seine Vasallen aufs Übelste quälte. Drei Tage und drei Nächte versuchte Herkules am Ufer des Meeres, dem Tyrannen den Kopf abzuschlagen – was ihm schließlich gelang. Den Schädel nutzte der Grieche als Fundament für einen Turm, der an seine Heldentat erinnern sollte. An dessen Spitze leuchtete seither über Jahre eine Kerze, die – durch einen magischen Spiegel reflektiert – den Seefahrern Orientierung gab (tgl. 10–19 Uhr).

man das imposante neoklassizistische **Rathaus** an der Nordseite des Platzes betrachten.

Tipp Zur Einstimmung des Stadtrundgangs bietet es sich an, die Halbinsel A Coruñas zu umrunden (z. B. mit dem Bus): Neben Hafen und Strand sieht man die 2 km vom Stadtkern entfernte **Torre de Hércules.**

Die Altstadt

Östlich erstreckt sich auf einer felsigen Anhöhe die Altstadt mit ruhigen Gassen, kleinen Plätzen und zwei beachtlichen Kirchen. In der Calle Tabernas 11 liegt das **Museo Emilia Pardo Bazán** ❷, in dem Leben und Werk der Dichterin gut vermittelt werden. Die Autorin (1851–1921) provozierte im ausgehenden letzten Jahrhundert ganz Spanien, als sie in ihrem Buch »La madre naturaleza« (»Die Mutter Natur«) das Thema Inzest aufgriff (Mo–Fr 10 bis 12 Uhr; Führungen nur auf Spanisch). In dem Haus aus dem 18. Jh. ist auch die Königliche Galicische Akademie mit über 25 000 Büchern untergebracht.

Die *Iglesia de Santiago ❸, die in einem Dokument von 1217 erstmals erwähnt wurde, ist das älteste Gotteshaus der Stadt. Von der ehemals dreischiffigen Basilika ist nur noch das Hauptschiff mit drei romanischen Apsiden zu sehen. Beachtlich ist der Figurenschmuck am Haupt- und Nordportal sowie der barocke Hauptaltar.

*Santa María del Campo ❹ wiederum entstand ab 1256 als spätromanisch-gotische Kirche an der höchsten Stelle der Altstadt. Im Tympanon des Westportals sind Maria und die Heiligen Drei Könige zu sehen, auf dem Platz davor eine gotische Betsäule (*cruceiro*). Die Calle Santa María kreuzt die Calle Sinagoga, womit kein jüdisches Gotteshaus, sondern die ehemalige Begrenzung einer Finca (lat. *sinagonus*) gemeint ist. An einem der vielen kleinen Plätze, der *Plazuela Santa Barbara,** steht die spätgotische Abteikirche *Santa Barbara ❺ an dem wohl stillsten Ort der Stadt. Über dem Eingang ist ein beachtliches Flachrelief mit der Darstellung des Jüngsten Gerichts angebracht.

Ein Blick von der Altstadt auf den Hafen bietet sich vom **Jardín de San Carlos** ❻. In dem kleinen Stadtgarten erinnert ein Denkmal an den englischen General John Moore, der die Stadt 1809 gegen die Franzosen verteidigte. Von hier aus sind Reste der Stadtmauer und das vorgelagerte Castillo de San Antón aus dem 16. Jh. zu sehen. In der Burg ist das *Museo Arqueológico ❼ untergebracht. Sehenswert sind die prähistorischen Funde aus der Zeit der Keltendörfer sowie Schmuck und Werkzeug aus suebischen und westgotischen Gräbern (Di–Sa 10–21 Uhr, So/Fei 11 bis 14.30 Uhr). Das *Museo de Bellas Artes ❽ zeigt romanische Skulpturen,

Versteinerte Prominenz

Auf dem Weg von der Altstadt zum Museum der schönen Künste passiert man die Kirche San Jorge und die kleine **Plaza de Agustín** vor dem Markt. Auf ihr »tummeln« sich so berühmte Persönlichkeiten wie Stan und Ollie, der Rosarote Panther und Oscar Wilde. Manche Steinfiguren stehen auf Sockeln, während andere – so der Journalist Alvaro Cunqueiro und der Politiker Alfonso Castelão – sich auf der Bank fläzen.

europäische Malerei vom 16. bis 19. Jh., Gemälde von relativ unbekannten Künstlern sowie Sargadelos-Keramik (Di 10–15 Uhr, Mi–Fr 10–20 Uhr, Sa 10–14, 16.30–20 Uhr, So 10–14 Uhr).

Moderne Museen

Nördlich der Strände liegen zwei hochmoderne Museen. Im **Aquárium** ❿ tummeln sich Rochen, Haie und Aale (Sommer tgl. 10–22, sonst 10 bis 19 Uhr), während sich in den interaktiven Ausstellungen im *Domus ⓫ alles um die Spezies Mensch dreht (Sommer tgl. 11–21, sonst 10–19 Uhr).

1983 wurde im Parque de Santa Margarita das **Museo de las Ciencias** ❾ errichtet. Um ein Foucaultsches Pendel herum breitet sich auf mehreren Stockwerken die Welt der Technologie aus; ein Planetarium und Wechselausstellungen eingeschlossen. Der Besucher kann am Computer Melodien komponieren und Fossilien anzoomen (Sommer Di–Sa 11–21 Uhr, So 11 bis 15, sonst Di–Sa 10–19, So 11 bis 14.30 Uhr).

Seite 45

❶ Galerías
❷ Museo Emilia Pardo Bazán
❸ Iglesia de Santiago
❹ Santa María del Campo
❺ Santa Barbara
❻ Jardín de San Carlos
❼ Museo Arqueológico
❽ Museo de Bellas Artes
❾ Museo de las Ciencias
❿ Aquárium
⓫ Domus

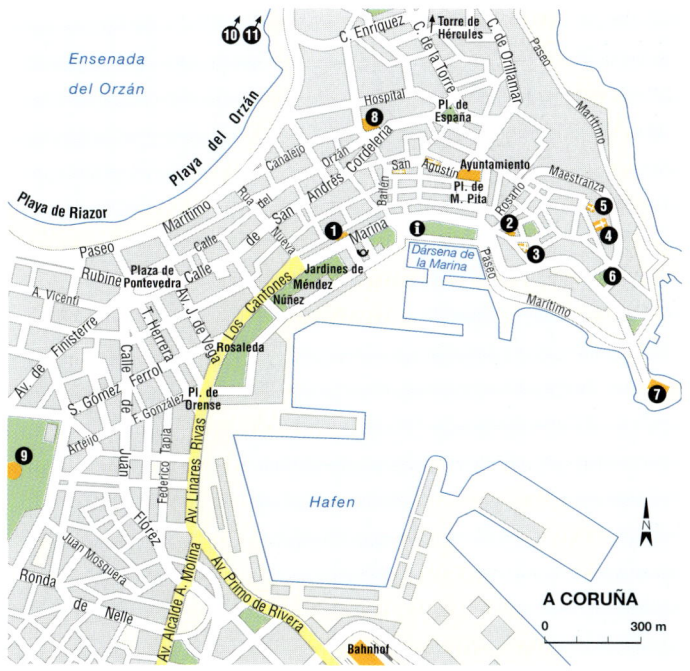

Infos

 Oficina de turismo, Dársena de la Marina s/n, Tel. 981 22 18 22.

Flughafen: Aeropuerto de Alvedro, 8 km südlich des Zentrums, Tel. 981 23 22 40; tgl. nach Madrid und Barcelona.
Bahnhof: Estación San Cristobál, Avda. de la Sardiñeira s/n, Tel. 981 15 02 02; in alle größeren Städte Galiciens, nach Pamplona, Bilbao, Barcelona.
Busbahnhof: Estación de Autobuses, Chile s/n, Tel. 981 23 09 99; stdl. nach Santiago, gute Verbindungen zu Küstenorten.
Schiffsverbindungen: Von Dársena de la Marina aus stdl. zum Strand Santa Cristina.

Finisterre, Paseo del Parrote s/n, Tel. 981 20 54 00; www.hotelfinisterre.com. In der Altstadt mit Blick auf den Hafen. Schwimmbad, Tennisplätze. ○○○
▎**España,** Juana de Vega 7, Tel. 981 22 45 06, Fax 981 20 02 79; www.agalicia.com/hotelespana. Mit Garage. ○○
▎**Alborán,** Riego de Agua 14, Tel./Fax 981 22 25 62. Zentral zwischen Strand und Hafen gelegen. ○○
▎**La Palma,** Riego de Agua 38, Tel. 981 22 96 94. In derselben Lage, etwas schlichter und preiswerter. ○

Casa Pardo, Novoa Santos 15, Tel. 981 28 71 78. Spitzenrestaurant, etwas ab vom Schuss in der Neustadt. Spezialität: Entenmuscheln (percebes). ○○○
▎**A la Brasa,** Juan Flórez 38, Tel. 981 27 07 27. Mariscos, Fisch und Fleisch vom Grill *(a la brasa).* ○○
▎**Casa de Rosalía,** Rúa do Príncipe 3, Tel. 981 21 42 43. Einfache Kost im ehemaligen Haus der Poetin Rosalía de Castro. ○○
▎**A Penela,** Plaza de María Pita, Tel. 981 20 92 00. Auf Kalb und Schwein spezialisiert, So geschl. ○

Abends ist in der Altstadt und in den kleinen Gassen (Olmo, Franja u. a.) östlich der Plaza de María Pita viel los.
▎Jazz hört man am besten im **Filloa** in der Rúa Ciega.
▎Ganz junges Publikum trifft sich in der Diskothek **Green,** nahe dem Stadion Riazor in Strandnähe. Ab 3 Uhr nachts wird es hier am Wochenende proppenvoll.

Aniceto, Canton Pequeño 23. In dem um 1800 gegründeten Delikatessenladen findet man das Feinste, was Galiciens Feinschmecker bevorzugen.
▎**Obradoiro,** Plazuela de los Angeles 7. Juweliergeschäft, zu dessen edelsten Vitrinenstücken der schwarze Gagatstein *(azabache)* zählt.
▎**Markt** an der Plaza San Agustín (nur vormittags geöffnet).

> ### Romanisches Kleinod
>
> 10 km von A Coruña entfernt liegt die völlig intakte romanische ****Iglesia de Cambre.** Die der Gottesmutter Maria geweihte Kirche erreicht man über die N 555 Richtung Santiago de Compostela bis O Burgo, ab dort ist der Weg ausgeschildert. Der eigenwillig konstruierte Bau aus dem 12. Jh. besitzt trotz seines kleinen Umfangs einen Chorumgang und fünf halbrunde Apsiden.

***Santiago de Compostela

Ein Traum aus Granit

Wenn der Regenschauer nachlässt und warme Sonnenstrahlen in die Gassen einfallen, erscheint der beigefarbene Granit der Kirchen, Klöster, Paläste und Arkadenhäuser in der Altstadt in wunderbar hellem Glanz. Mönche, Pilger und Händler wagen sich dann wieder aus den Devotionaliengeschäften, Cafés und Buchhandlungen heraus, Dudelsackmusik erschallt, und Touristen blicken fasziniert in Santiagos versteinertes Gesicht, mit dem Gefühl, in einer überdimensionalen Theaterkulisse zu verweilen. Nicht nur die weltberühmte Kathedrale, sondern das ganze Altstadtensemble hat die UNESCO schon vor Jahren zum »Weltkulturerbe« ernannt.

Santiago ist aber nicht nur das Ziel vieler Kulturinteressierter und Gläubiger, sondern auch eine ungemein lebendige Studentenstadt mit entsprechend vielen Kneipen.

Geschichte

Der Name Santiago de Compostela deutet bereits auf den Ursprungsmythos der Stadt hin. Ihre Geschichte beginnt mit der sagenhaften Entdeckung des Apostelgrabes im 9. Jh. auf einem »Sternenfeld« (lat. campus stellae = Compostela). Der Apostel Jakobus (Sant' Jago = Santiago) soll zuvor auf der Iberischen Halbinsel gepredigt haben und in Jerusalem als Märtyrer enthauptet worden sein. Daraufhin sollen ihn seine Jünger nach Galicien gebracht und dort beerdigt haben. Der Legende nach erschien er König Ramiro I und seinen Soldaten in der Schlacht von Clavijo, worauf die christliche Truppe die Mauren besiegte und Santiago den Beinamen *matamoros* (»Maurentöter«) erhielt. Diese Legende wurde zum Politikum im Kampf gegen die Mauren, die ihrerseits 997 die Pilgerstadt zerstörten. Im 12. Jh. entwickelte sich das neu aufgebaute Santiago neben Rom und Jerusalem zum bedeutendsten Pilgerziel der europäischen Christenheit.

Aus Furcht vor Sir Francis Drake, der im Dienste Elisabeths I. von England gegen Spanien kämpfte, wurden die Reliquien des Apostels 1589 versteckt; man »entdeckte« sie erst 1879 wieder. 1937 versuchte Franco an die Tradition der Apostelverehrung anzuknüpfen, indem er seine Kampagne gegen die linke Regierung zur Reconquista gegen den Kommunismus stilisierte.

Politisch war Santiago seit der Reformationszeit ins Hintertreffen geraten. Erst mit dem Autonomiestatut von 1981 erhielt die Stadt wieder politisches Gewicht. Seitdem ist die 90 000 Einwohner zählende Hauptstadt Galiciens Sitz des Parlaments.

> **Fotomotiv**
>
> Keinesfalls entgehen lassen sollten Sie sich den besonders schönen Blick vom Park **Carballeira de Santa Susana** ⓯ auf Santiagos Altstadt mit seiner Kathedrale. Vor allem dann nicht, wenn Feuerwerkskörper den monumentalen Bau beim **Jakobsfest** (16.–31. Juli) in bunten Farben erscheinen lassen.

***Santiago de Compostela

Jedesmal, wenn ein Heiliges Jahr ausgerufen wird, geht die Zahl der Pilger in die Millionen. Für das nächste *año santo* (2004) erwartet man einen neuen Besucherrekord.

Praza do Obradoiro

Santiagos Herzstück ist die Praza do Obradoiro, umgeben von der Kathedrale, dem Rathaus und dem 1498 von den Katholischen Königen erbauten Pilgerhospital.

Das einstige Krankenhaus wurde zur Nobelherberge umfunktioniert: Das ****Hostal de los Reyes Católicos** gilt heute als der berühmteste und teuerste Parador ganz Spaniens.

Das Rathaus (Ayuntamiento) ist in dem 1777 entstandenen ***Palacio de Rajoy** ❶ untergebracht. Benannt ist der klassizistische Palast nach seinem Bauherrn, dem Erzbischof Rajoy. An der Ostseite des Palastes, links neben der Kathedrale, befindet sich der **Palacio de Arzobispo** ❷ aus dem 12./13. Jh. Der Erzbischöfliche Palast zählt zu den bedeutendsten romanischen Zivilgebäuden der Stadt. 1266 erhielt er den 32 m langen Festsaal. Schlicht wirkt demgegenüber das **Colegio de San Jerónimo** ❸ an der Südseite, dessen romanisch-gotisches Figurenportal aus dem Jahre 1490 stammt.

Dahinter liegt das **Colegio de Fonseca** ❹, das der gleichnamige Erzbischof im 16. Jh. für Theologiestudenten bauen ließ. Heute dient es der Universität als Kulturzentrum. Beachtlich sind das Renaissanceportal mit ionischen Säulen, der zweigeschossige Innenhof und die Mudéjartäfelung der alten Aula. Umgeben von Klöstern und

Ein platereskes Prunkstück: das Portal des Hostal de los Reyes Católicos

den arkadenreichen südlichen Gassen Vilar, Franco und Raiña ist der Obradoiro-Platz ein steinernes Gesamtkunstwerk und gleichzeitig eine herrliche Kulisse für die Stadtfeste.

***La Catedral ❺

Unstreitig das eindrucksvollste Gebäude am Platz stellt die Kathedrale dar. Hinter der imposanten Westfassade, die Fernando Casas y Novoa im 18. Jh. im üppigen churrigueresken Stil gestaltete, verbirgt sich der dreischiffige, romanische Innenraum, der als wichtigstes Bauwerk seiner Zeit bereits zwischen 1075 und 1211 entstand und mit den Jahrhunderten Elemente der Gotik und Renaissance assimilierte. Über eine doppelläufige Freitreppe erreicht man das Juwel der Kathedrale: die extrem schmale Eingangshalle mit dem künstlerisch überwältigenden romanischen ****Pórtico de la Gloria.**

Von 1168 bis 1188 war Meister Mateo damit beschäftigt, diese Steinsymphonie aus über 200 Figuren zu gestalten. Das dreiteilige romanische Portal offeriert im Tympanon des mitt-

***Santiago de Compostela

Jeder Pilger berührt die Apostelsäule im Pórtico de la Gloria

Nächtliche Illumination lässt die Westfassade der Kathedrale von Santiago golden erstrahlen

leren Bogens Christus als Erlöser, umgeben von den vier Evangelisten. Die Plastiken zeigen hervorragend ausgearbeitete Details der Werkzeuge des Martyriums wie Geißel und Lanze bis zu den Musikinstrumenten, welche die 24 Ältesten der Apokalypse in Händen halten. Daneben kann sich der Betrachter kaum satt sehen an Weihrauch spendenden Engeln und gefräßigen Ungeheuern. Die mittlere Säule mit der Statue des Apostels Jakobus stellt die Wurzel Jesse dar. Seit Jahrhunderten berühren Pilger am Ende der Wallfahrt die Steinwurzel, bevor sie sich dem Grab des Apostels nähern. Brauch ist es auch, die Stirn auf den Kopf der Figur Meister Mateos hinter der Säule zu legen (in der Hoffnung, dass etwas von seiner Genialität übertragen werde).

Im Innenraum der 94 m langen und 63 m breiten Kathedrale erhebt sich über dem vermeintlichen Grab des Apostels der goldverzierte Hauptaltar **Capilla Mayor** mit einer versilberten Jakobsfigur. Über eine hintere Treppe kann man sich der Heiligenfigur nähern. Eine schmale Treppe führt unterhalb der Capilla Mayor zu dem Schrein mit den Gebeinen Santiagos. Vor der Capilla Mayor hängt unter der 33 m hohen Vierungskuppel gelegentlich der **Botafumeiro**, ein über 50 kg schweres Weihrauchgefäß, das an Festtagen von acht Männern durch das mittlere Querschiff geschwungen wird.

Zu den Museen der Kathedrale gehören der Kirchenschatz (tesoro) im rechten Seitenschiff sowie im südlichen Querschiff die **Bibliothek** und das **Teppichmuseum** mit Werken von Bayeu, Goya und Rubens (Mo–Sa 11–13.30, 16.30–18.30 Uhr, So/Fei 10 bis 13.30, 16–19 Uhr). Noch etwas älter als der Pórtico de la Gloria ist die ***Puerta de las Platerías:** Der Figurenschmuck am Südportal stammt teilweise noch aus dem 10. Jh.

Praza da Quintana

Verlässt man durch das Südportal die Kathedrale, gelangt man zunächst zur **Praza de las Praterías ⊙**, auf der vier steinerne Pferdeköpfe Wasser in einen Brunnen speien. Daran grenzt die strenge und weite **Praza da Quin-**

***Santiago de Compostela

tana. Einst war hier der Stadtfriedhof, heute ist der Platz ein Treffpunkt vor allem der Studenten. Die Ostseite wird von dem nüchternen, von Benediktinerinnen bewohnten **Convento de San Pelayo ❼** aus dem 18. Jh. flankiert. Eine breite Treppe führt vom Platz hinauf zur **Casa de la Parra ❽**, einem verspielten Barockgebäude mit Balustraden.

Convento de San Martiño Pinario ❾

An der Praza da Inmaculada nördlich der Kathedrale liegt das 899 gegründete Convento de San Martín Pinario, in dem noch immer Priester ausgebildet werden. San Martín war im Mittelalter ein religiöses Zentrum der Stadt, dem zeitweilig über 30 Klöster und

- ❶ Palacio de Rajoy
- ❷ Palacio de Arzobispo
- ❸ Colegio de San Jerónimo
- ❹ Colegio de Fonseca
- ❺ Catedral
- ❻ Praza de las Praterías
- ❼ Convento de San Pelayo
- ❽ Casa de la Parra
- ❾ Convento de San Martiño Pinario
- ❿ Museo das Peregrinacions
- ⓫ Porta do Camiño
- ⓬ Monasterio de Santo Domingo
- ⓭ Markthallen
- ⓮ Santa María la Real de Sar
- ⓯ Carballeira de Santa Susana

Priorate unterstanden. Die barocke Klosterkirche aus dem 17. Jh. besitzt eine platereske Hauptfassade und einen beachtlichen churriguresken Hochaltar.

Museo das Peregrinacions ❿

Über die Praza do Cervantes erreicht man den gotischen Pazo de Don Pedro, der das Museo de Peregrinacions beherbergt. Der umfassende Sammlungsbestand des Pilgermuseums ermöglicht einen guten Einblick in die Geschichte der Wallfahrt nach Santiago (Di–Fr 10.30–20 Uhr, Sa 10.30–13.30, 16–20 Uhr, So 10.30 bis 13.30 Uhr). Schräg gegenüber liegt in der Calle San Miguel die Kirche San Miguel dos Agros, die im 18. Jh. über romanischen Resten erbaut wurde und im 19. Jh. ihre klassizistische Fassade bekam.

Jenseits der Porta do Camiño

Über das Pilgertor **Porta do Camiño** ⓫ führt der Weg zu einem weiteren Kloster, dem **Monasterio de Santo Domingo** ⓬ aus dem 18. Jh. In einem Seitenflügel ist das *Museo do Pobo Galego untergebracht. Archäologische Funde, galicische Gemälde und Alltagsgegenstände des galicischen Volkes sind hier zu sehen (Mo–Sa 10–13, 16 bis 19 Uhr). Sehenswert ist auch das *Pantheon illustrer galicischer Persönlichkeiten. Hier fanden die Dichterin Rosalía de Castro (1837–1885) und Alfonso Daniel Castelao (Dichter, Zeichner, Politiker, 1886–1950) ihre letzte Ruhestätte.

Entlang der aus grauem Granitstein gebauten **Markthallen** ⓭ an der Praza de Abastos gelangt man zu dem Universitätsgebäude, in dem nur noch ein kleiner Teil der Hochschule untergebracht ist und die Sprachkurse für Ausländer stattfinden.

Seite 50

*Santa María la Real de Sar ⓮

Über die Straßen Castro Douro/Sar de Fuera gelangt man zur Pfarrkirche Santa María la Real de Sar, die im Barrio de Sar südöstlich der Altstadt ca. 1 km von der Kathedrale entfernt liegt. Der dreischiffige, romanische Bau (12. Jh.) wurde im Laufe der Jahrhunderte oft verändert. Im Kircheninnern mag es manchem mulmig werden, denn die Pfeiler und Mauern sind erheblich geneigt. Strebepfeiler geben den inzwischen vom Einsturz bedrohten Seitenwänden Halt. Eine eingehende Betrachtung verdienen das alte Portal und der Kreuzgang, dessen Ornamente Meister Mateo geschaffen haben soll (Mo–Sa 10–13, 16–19 Uhr).

Infos

Rúa do Vilar 43,
Tel. 981 58 40 81,
Fax 981 56 51 78.
▪ Pilgerinformation: **Oficina del Pelegrino de la Catedral,**
Rúa do Vilar 1; Tel. 981 56 24 19.
▪ Weitere Informationsstellen gibt es an der Praza de Galicia, am Flughafen, Bahnhof und Busbahnhof.

Flughafen: Aeropuerto de Lavacolla, 11 km östlich vom Stadtkern,
Tel. 981 54 75 00; innerspanische Verbindungen sowie Linienflüge nach Deutschland, Österreich und in die Schweiz.
Bahnhof: Hórreo, s/n,
Tel. 981 59 19 08; gute Verbindungen zu den galicischen Provinzhauptstäd-

***Santiago de Compostela

ten, tgl. u. a. nach Donostia/San Sebastián und Madrid.
Busbahnhof: Estación de Autobuses, San Cayetano s/n, Tel. 981 58 77 00; 1,5 km vom Stadtkern; u. a. stündlich nach A Coruña, Noia und Muros. Flughafenbus tgl. 7–22 Uhr ab Zentrum.
Taxi: 981 58 59 73.

Hostal de los Reyes Católicos, Praza do Obradoiro 1, Tel. 981 58 22 00, Fax 981 56 30 94; www.parador.es, Übernachten wie einst die Könige in Spanien. ○○○
■ **Alameda,** San Clemente 32, Tel. 981 58 81 00, Fax 981 58 86 89. Sauberes Hostal (mit und ohne Bad), südwestlich der Kathedrale. ○○
■ **Gelmírez,** General Franco 92, Tel. 981 56 11 00, Fax 981 56 32 69. Mittelklassehotel in der Altstadt. ○○
■ **Hogar San Francisco,** Campiño de San Francisco 3, Tel. 981 57 24 63, Fax 981 57 19 16. Franziskaner-Monasterium, komfortabel. ○○
■ **Hostal Residencia Suso,** Rúa do Vilar 65, Tel. 981 58 66 11. Zentral, oft von Pilgern frequentiert. ○

Toñi Vicente, Rosalía de Castro 24, Tel. 981 59 41 00. Nouvelle Cuisine einer preisgekrönten Köchin. ○○○
■ **Roberto,** San Xulián de Sales (Vedra), 5 km Richtung Ourense, Tel. 981 51 17 69. Feinschmeckeradresse mit Garten. 1.–15. Aug. geschl. ○○○
■ **Vilas,** Rosalía de Castro 88, Tel. 981 59 10 00. Berühmt für Meeresfrüchte und Fleischgerichte. ○○○
■ **El Estanco,** Hórreo 26, Tel. 981 56 38 08. Spezialität: Seehecht mit Herzmuscheln. ○○
■ **Rincón do Sarela,** Chouchiños s/n, vor Vidan Richtung Noia, Tel. 981 53 14 65. Traditionelle Küche in einer umgebauten Mühle. ○○

■ **Casa Manolo,** Pl. de Cervantes s/n, Tel. 981 58 29 50. Vielseitige und preiswerte Küche a la galega. ○

 Café Derby, Huérfanas 20, an der Praza de Galicia. Altehrwürdiges Café am Altstadtrand, schönes Jugendstildekor.
■ **Crechas,** Ecke Azabachería, San Paió. Keltischer geht es nicht.
■ **Metate,** zwischen San Paió und Preguntoiro. In einer ehemaligen Schokoladenfabrik.
■ **Modus Vivendi,** Rúa Feijóo. Stilvolle, sehr beliebte Kellerbar.
■ **Disko: Ruta 66,** Pérez Constanti 4. Aktuelle Hits in der Neustadt.

Tipp Veranstaltungenshinweise gibt es in der »La Voz de Galicia«.

 Zara, Pl. de Galicia Ecke Montero Ríos: Junge Mode für Sie und Ihn viel preiswerter als bei uns.
■ **Sargadelos,** Rúa Nova 16. Kunterbunte Keramik aus der berühmtesten galicischen Fabrik gleichen Namens.
■ **Casa dos Queixos,** Bautizados 10. Neben Käse *(queixos)* auch guter Honig und andere Feinkost.

»Kleines Versailles«

25 km südöstlich von Santiago an der N 525 liegt der **Pazo de Oca,** ein typisch galicisches Landhaus, ausgestattet mit Barockmöbeln, Wandmalereien und einer Kapelle. In dem zugehörigen Park gedeihen nicht nur Rosen und Myrten, sondern auch allerhand Exoten (tgl. 10–13, 15–20 Uhr). Die nächsten Strände liegen 40 km westlich bei Noia.

Tour 1

Wellen, Wein und Wallfahrt

****Donostia/San Sebastián
→ *Pamplona → *Logroño
→ *Gasteiz/Vitoria → Bilbo/Bilbao
(ca. 525 km)**

Im Hinterland der Küste verbirgt sich das Santuario de Loyola

Attraktionen in Städten und auf dem Land sorgen bei dieser Fahrt für vielfältige Erlebnisse. Auf dem Weg, der über Donostia mit seinen Gourmettempeln, Pamplona mit der weltberühmten Kathedrale und den lauschig-ruhigen Gassen und schließlich Bilbo mit zwei interessanten Gemäldegalerien führt, kommen Gourmets und Kunstliebhaber auf ihre Kosten. Die wunderschönen Landschaften des Baskenlandes, die Weinrebenfelder der Rioja und Navarra sind eine Augenweide für Naturfreunde.

Wer Umwege in Kauf nimmt, kann zudem kunst- und kulturhistorische Juwele entlang des Jakobsweges genießen: so die künstlerisch hervorragende Bauplastik an der Kirche von Sangüesa, geheimnisvolle Bauten wie die einsam gelegene Grabeskirche Eunate und Klöster, um die sich spannende Geschichten und Legenden ranken. Und zum Abschluss der Tour locken Meer und Strände zum Schwimmen, Sonnen und Faulenzen.

Tolosa ❶

26 km südlich von Donostia/ San Sebastián (s. S. 31) liegt Tolosa (18 200 Einw.) im grünen Talkessel des Río Oria. Zehn Jahre lang (1844–1854) war sie Hauptstadt der Provinz Gipuzkoa, musste diesen Rang aber bald an Donostia abgeben. Stattdessen entwickelte sie sich mit der Zeit zum Zentrum der Papierindustrie.

In der gotischen Kirche **Santa María** befindet sich eine Monumentalstatue Johannes des Täufers. Zu seinen Ehren veranstalten die Bewohner von Tolosa alljährlich um den 24. Juni ein mehrtägiges Fest. Eine Kuriosität der Kleinstadt ist das von einem Konditor geführte **Museo de Confitería** nahe dem Rathaus. (C. Lechuga 3; tgl. vormittags).

*Santuario de Loyola ❷

Von Tolosa über Azpeitia erreicht man das Santuario de Loyola nach 28 km Bergstraße. Das Kloster, das an den Gründer des Jesuitenordens, den hl. Ignatius von Loyola (s. S. 54), erinnert, gehört zu den bedeutendsten Wallfahrtsstätten Spaniens. 1689 begannen Anhänger der Societas Jesu

Tour 1   Wellen, Wein und Wallfahrt

Die Pläne für die barocke Basilika lieferte der Bernini-Schüler Fontana

*Pamplona ❸

Die Hauptstadt der Provinz und Region Navarra zählt 183 000 Einwohner; auf navarrisch wird sie Iruña, auf baskisch Iruñea genannt. Sie liegt auf einem 450 m hohen Plateau über dem Río Arga und wurde angeblich von Caesars Feind Pompejus im Jahre 68 v. Chr. gegründet. Die gefährliche Lage zwischen dem Frankenreich und den maurischen Emiraten ließ die Einwohnerzahl vorübergehend erheblich sinken, bis sich Pamplona mit dem Boom des Jakobsweges wieder regenerierte.

den Bau um die **Casa Santa,** das Geburtshaus des Heiligen, in der sich sein einstiges Krankenzimmer befindet. Die barocke **Klosterkirche** mit ihrer 56 m hohen Kuppel ist ein prunkvolles churriguereskes Kunstwerk des Tessiner Architekten Carlo Fontana (1634–1714).

Heute lebt die Stadt am Westrand der Pyrenäen die meiste Zeit des Jahres ein beschauliches Leben. Nur vom 6–14. Juli, wenn die Hauptstadt von Navarra die Fiesta de San Fermín (auch *Sanfermines* genannt) begeht,

Der hl. Ignatius von Loyola

Bevor Iñigo López de Recalde (1491 bis 1556) zum hl. Ignatius von Loyola wurde, galt er als gewiefter Frauenheld und Militär. Die Wende kam, als der Offizier in der Armee des spanischen Vizekönigs von Navarra bei einer Schlacht gegen die Franzosen lebensbedrohlich verwundet wurde und erkrankte. Er musste den Dienst quittieren und änderte nun radikal seinen Lebensstil: Ignatius lernte die Selbstkasteiung kennen, pilgerte barfuß, bettelte in Lumpen und verschrieb sich ganz der Religion. Einige Male fiel seine radikale Frömmigkeit der Inquisition auf, was seine Anhänger später deutlicher zu spüren bekommen sollten. Während des Studiums an der Pariser Sorbonne verband Ignatius sich mit Kommilitonen zu einer Glaubensgemeinschaft, die 1540 von Papst Paul III. als »Orden der Gesellschaft Jesu« anerkannt wurde. Bis zu seinem Tod im Jahre 1556 in Rom stand Ignatius den Jesuiten vor. 1622 wurde er heilig gesprochen. Im 18. Jh. wurde der einflussreiche Orden, der den katholischen Glauben mit Erziehung und Wissenschaft verband, scharf verfolgt. Rom und den Bourbonen in Madrid waren die intellektuellen Jesuiten längst zu unbequem geworden. Spanien vertrieb die Anhänger des hl. Ignatius 1767 aus dem Land. Erst 1814 wurde der Orden vom Papst wieder zugelassen. Man nimmt an, dass heute weltweit 24 000 Jesuiten in 110 Ländern dem Auftrag ihres Ordensgründers folgen.

stehen die Notfallstationen der umliegenden Krankenhäuser unter Alarmbereitschaft.

Ins Zentrum

Ein guter Ausgangspunkt für die Stadtbesichtigung ist der Parkplatz beim **Parque de la Ciudad,** in dem sich die Zitadelle, ein fünfstrahliger Stern aus dem Jahre 1521, befindet.

Von hier ist man rasch am lang gezogenen Paseo, der den Namen des bekannten Geigers Pablo de Sarasate (1844–1908) trägt. Ihm ist auch ein Saal im Stadtarchiv (Calle del Mercado 11) gewidmet. Am Ostende des Paseo de Sarasate stößt man auf das 1903 vollendete **Monumento a los Fueros,** ein Denkmal, das an die alten Sonderrechte Navarras einnert.

Zentrum des städtischen Lebens ist die gepflegte, von Cafés und Häusern aus dem 19. Jh. umgebene **Plaza del Castillo.** In der Südwestecke tagt die Regierung der Autonomen Region im Palacio de Navarra (auch Diputación Foral), in dessen Thronsaal Goyas berühmtes Porträt des Königs Fernando VII hängt.

Nördlich der Plaza del Castillo

Durch die kopfsteingepflasterten Gassen Chapitela und Calceteros spaziert man zum Ayuntamiento, Pamplonas barockem Rathaus. In seiner Nähe erhebt sich die **Iglesia San Saturnino.** Die nach dem ersten Bischof Pamplonas benannte älteste Kirche der Stadt wurde mehrmals zerstört und schließlich gotisch wieder aufgebaut (13. Jh.). In der Calle Ansoleago ist der einzige gotische Profanbau Pamplonas zu finden (Nr. 8). Das Haus aus dem 14. Jh. steht unter Denkmalschutz.

Westlich liegt gleich an der Stadtmauer das ****Museo de Navarra,** Cuesta de Santo Domingo s/n. In dem ehemaligen Spital sind archäologische

Das Rathaus von Pamplona als Kulisse für die Fiesta

Sanfermines

Während der **Fiesta de San Fermín** werden jeden Morgen vor Angst panische Kampfstiere durch die Altstadtgassen zur Plaza de Toros getrieben, wobei tollkühne, traditionell weiß gekleidete Burschen und Männer vor ihnen her laufen. Bei diesem *encierro* färben sich die Kleider nicht selten rot, ein Spektakel, das Hemingway zu seinem Roman »Fiesta« anregte. Bei dem Fest zu Ehren des Stadtheiligen Fermín, das bereits seit 1591 gefeiert wird, herrscht in Pamplona regelrechter Ausnahmezustand. Die Stadt füllt sich schon Tage vorher mit Gästen, die Preise der Unterkünfte und Restaurants klettern extrem in die Höhe.

Tour 1 Wellen, Wein und Wallfahrt

Mohnfeld bei Pamplona

Funde ausgestellt, darunter römische Skulpturen und Mosaike, ein um 1004 aus Elfenbein geschnitztes maurisches Schmuckkästchen aus Córdoba, Kapitelle aus dem Kreuzgang (12. Jh.) der ehemaligen romanischen Kathedrale sowie kostbare Gemälde, darunter das *Porträt des Marqués de San Adrián von Goya. (Di–Sa 10–14, 17 bis 19 Uhr, Do–21 Uhr, So/Fei 11–14 Uhr).

Wer nun Lust auf einen Spaziergang im Grünen hat, braucht nicht weit zu gehen, denn etwas westlich liegt der *Parque de la Taconera. Dort erwarten Sie Reste der Befestigungsmauer, ein Gehege mit Hirschen und Pfauen sowie ein Terrassencafé.

Zur Kathedrale und zur Arena

Über die Calle Curia erreicht man die **Kathedrale.** Die langweilige Fassade (1783), ein Werk des klassizistischen Architekten Rodríguez Ventura, lässt nicht vermuten, dass sich dahinter ein angenehm schlichter, typisch navarresischer Bau verbirgt, der im 15. Jh. an Stelle der 1390 eingestürzten romanischen Vorgängerin errichtet wurde. Der Bauherr, Carlos III el Noble, und seine Gemahlin Leonor de Trastámara ließen ihr Alabastergrabmal, zu dem 28 Trauernde gehören, von Janin Lomme aus Tournai fertigen.

Besonders sehenswert sind der gotische Kreuzgang mit kunstreich gefertigten Maßwerkfenstern und das Diözesanmuseum, in dem sakrale Kostbarkeiten von den Bischöfen seit dem Jahr 600 angehäuft wurden. Schon die Räumlichkeiten des Museums, ein ehemaliges Refektorium und die gewaltige *Klosterküche mit dem 27 m hohen Rauchabzug in der Mitte sind einen Besuch wert (Mo–Fr 10.30 bis 13.30, 16–18 Uhr, Sa 10.30–13.30 Uhr).

Vorbei am Marienportal der Kathedrale gelangt man durch eine kleine, stille Idylle zur Stadtmauer *(muralla).* Dort erwartet Sie ein schöner Blick auf den Río Arga. Weiter entlang der muralla kommen Sie nach wenigen Minuten zu Pamplonas **Stierkampfarena** und von dort wieder zurück zur Plaza de Castillo.

Nach dem Besichtigungsprogramm schmeckt ein Erfrischungsgetränk in dem stilvollen, sehr herrschaftlichen **Café Iruña** oder in der angeschlossenen Bar sicher besonders gut.

Auf dem Rückweg zum Parkplatz bietet es sich an, einen Blick auf die Kirche **San Nicolás** nahe dem Paseo de Sarasate zu werfen. Der wehrhaft wirkende dreischiffige Bau stammt aus dem frühen 13. Jh.

Oficina de turismo, Duque de Ahumeda 2, Tel. 948 22 07 41.

Flughafen: Der Flughafen Noain liegt 6,5 km südlich; tgl. nach Barcelona, Madrid, Santander; Tel. 948 31 75 51.
Bahnhof: Avda. San Jorge s/n; tgl. Züge nach Donostia/San Sebastián und Gasteiz/Vitoria; Tel. 948 13 02 02.
Busbahnhof: Avda. Conde Oliveto 8; tgl. nach Sangüesa, Jaca, Puente la Reina und Estella; Tel. 948 22 38 54.
Parkplatz: Große, zentrale Parkfläche an der Avenida del Ejercito.

**Donostia/San Sebastián → *Logroño → Bilbo/Bilbao   Tour 1

Tres Reyes, Jardines de la Taconera, Tel. 948 22 66 00, Fax 948 22 29 30, www.hotel3reyes.com. Nahe der Altstadt, sehr komfortabel. ○○○
▌ **La Perla,** Plaza del Castillo 1, Tel. 948 22 77 06, Fax 948 22 15 66; www.sanfermin.com/laperla.html. Hemingways Stammhotel, zentral. ○○
▌ **Pension Arrieta,** Arrieta 27, Tel. 948 22 84 59. In Parkplatz- und Altstadtnähe, sehr sauber. ○○

Hartza, Juan de Labrit 19, Tel. 948 22 45 68. Topadresse in Pamplona. Tipp: Wolfsbarsch *(lubina).* ○○○
▌ **Las Pocholas,** Paseo de Sarasate 6, Tel. 948 22 22 14. Die traditionelle Küche genießen Minister und zuweilen auch das spanische Königspaar. ○○○
▌ **Alhambra,** Bergamín 7, Tel. 948 24 50 07. Lokale Spezialitäten wie *trucha de Navarra:* mit geräuchertem Schinken gefüllte Forelle. ○○

In der **Markthalle** an der Straße Santo Domingo bekommt man frisches Obst, Gemüse und viele andere Produkte aus dem Umland.

Sector - ONB (Calle Abejeras) spielt Internationales, Aktuelles (Sektor) und eher Spanisches (ONB) unter einem Dach. Beliebt ist ebenfalls die Disko **Reverendos** (Calle Monasterio de Velate).

*Sangüesa ❹

Zunächst Richtung Flughafen/Noain, dann über die landschaftlich reizvolle N 240 in südöstlicher Richtung gelangt man nach Sangüesa, 45 km. In das stille mittelalterliche Städtchen, das im 12. Jh. im Zusammenhang mit der wachsenden Bedeutung des Pilgerweges nach Santiago gegründet wurde, würde man sich heute nicht so leicht verirren, gäbe es in dem beschaulichen Ort nicht die Kirche **Santa María La Real,** die an der ehemaligen Pilgerstraße kurz vor der Brücke über den Río Aragón steht. Immer wieder halten hier Reisebusse, damit die Touristen das figurenreiche ****Südportal** der Kirche bestaunen können.

Die außergewöhnliche künstlerische Qualität der Bauplastik sichert der Kirche den Rang eines Nationaldenkmals. Fünf Meister bzw. Schulen arbeiteten 1131, 1150/60 und 1170 an dem Skulpturenprogramm, an dem sich hervorragend Reichtum und Vielfalt romanischer Plastiken Navarras und Aragóns studieren lassen. Allein in den fünf Archivoltenbögen des Südportals zählt man 84 Figuren. Kampfszenen, Musikanten, monströse Fabelwesen, Heilige sowie die Darstellung des erhängten Judas und das Jüngste Gericht im Tympanon sind von der Zeit angegriffen, aber noch gut zu erkennen.

Oficina de turismo, Alfonso el Batallador 20, Tel. 948 87 03 29.

Camping Cantolagua, Camino Cantolagua s/n, Tel. 948 43 03 52.

Castillo de Javier

Nur 8 km von Sangüesa entfernt liegt das Castillo de Javier, eine feste Burg, in der 1506 San Francisco Javier (der hl. Franz Xaver), Schutzpatron Navarras und bekannt als Missionar in Japan, Indien und China, zur Welt

Tour 1 Wellen, Wein und Wallfahrt

Im Castillo de Javier wuchs der Schutzpatron Navarras auf

Blick auf Olite: ein kleiner Ort, der einst Königsresidenz Navarras war

kam. Bei der Besichtigung des Castillo sieht man nicht nur Bergfried und Fluchtburg der teilweise aus dem 10. Jh. stammenden und im 19. Jh. wieder aufgebauten Anlage, sondern auch original eingerichtete Räume, so das Gemach des Heiligen (tgl. 9 bis 12.30, 16–18.30 Uhr). Über sein Leben informiert auch das 1 km entfernte Museum (Weg beschildert).

*Monasterio de Leyre ❺

Fährt man über Yesa zurück zur N 240 Richtung Pamplona, taucht rechter Hand nach 3,5 km das Monasterio de Leyre auf. Von dort bietet sich eine schöne Aussicht auf den Embalse de Yesa, einen aufgrund seiner Größe (rund 500 Mio. m³ Wasser) auch »Pyrenäenmeer« genannten Stausee. Der Klosterkomplex von Leyre stammt aus dem 17./18. Jh, die Kirche ist hingegen noch ein architektonisches Zeugnis der Romanik. Eine eingehende Betrachtung verdient das *Westportal mit seinen romanischen Skulpturen im Bogenfeld, die den Heiland und die Heiligen darstellen. Typisch für das damalige Weltbild: auch ganz und gar unchristliche Figuren, wie z. B. ein Seelen fressender Dämon, karikaturhafte Masken und Vögel, die sich in die Krallen beißen, sind vertreten. Stilistisch sind die Skulpturen deutlich von Santiago de Compostela beeinflusst. Die Krypta (9./11. Jh.), deren Gewölbe auf scheinbar viel zu kurzen Säulen ruht, diente einst als Pantheon der Könige von Navarra (Mo–Sa 10.15 bis 13.30, 15.30–18 Uhr, So 10–14, 16 bis 18 Uhr).

**Olite ❻

Über die A 15 oder N 121 erreicht man den 42 km südlich von Pamplona gelegenen 3000-Seelen-Ort, die einstige Königsresidenz Navarras. Neben glänzend restaurierten und erhaltenen mittelalterlichen Bauten wie der gotischen Kirche **Santa María la Real** ist besonders die Königsresidenz beachtlich. König Carlos III el Noble ließ die ursprüngliche Burganlage ab 1406 zu einem Palast umbauen. Auch Mudéjaren waren für die christlichen Bauherren tätig. Entstanden ist ein turmreicher **Castillo Palacio** mit langen Wehrmauern (tgl. 10–12 und 17 bis 19 Uhr). In dem Nationaldenkmal (seit 1925) ist heute ein Parador (s. u.) untergebracht.

Tipp Während der **Festivales de Navarra** im August dient der Burgpalast des Castillo Palacio als stimmungsvolle Bühnenkulisse.

Einsam auf freier Flur liegt die Ermita de Eunate

In Puente la Reina vereinigen sich die Zweige des Jakobswegs

 Oficina de turismo, Castillo Palacio, Tel. 948 74 00 35.

 Parador Príncipe de Viana, Plaza de los Teobaldos 2, Tel. 948 74 00 00, Fax 948 74 02 01; www.parador.es. Historisch-stilvolles Ambiente. ○○○

Puente la Reina ❼

Auf dem Weg nach Estella geht kurz vor Puente la Reina eine Straße nach Campanas ab, die zur ***Ermita de Eunate** führt. Die Grabeskirche, die in völliger Abgeschiedenheit inmitten von Kornfeldern liegt, zieht Besucher durch ihre ganz eigene Atmosphäre in Bann. Ein Arkadengang (12./13.Jh.) umgibt den harmonischen achteckigen Bau mit nur 11 m Durchmesser.

Die kleine Ortschaft **Puente la Reina** heißt so wie die sechsbogige mittelalterliche ***Brücke,** die Doña Mayor, die Gemahlin von König Sancho Garcés III, Anfang des 11. Jhs. hier über den Río Arga errichten ließ.

Alle Sehenswürdigkeiten des kleinen charmanten Ortes liegen an der mittelalterlichen Calle Mayor, die von der Brücke durch die Ortschaft führt. Beim kurzen Spaziergang sieht man die romanische Iglesia de Santiago (12. Jh.) und die Iglesia del Crucifijo (13. Jh.), benannt nach einem Gabelkruzifix, das ein Rheinländer bis hierher getragen haben soll.

*Estella ❽

1076 wurde Estella (13 000 Einw.) am Río Ega von König Sancho Ramírez zur Stadt erhoben. Seither entstanden auf den Anhöhen beiderseits des Flusses einige Kirchen und Klöster. Vom ausgeschilderten Parkplatz ist es ein Katzensprung bis zur Plaza de San Martín, die sich mitten im ehemaligen Frankenviertel liegt. Die südliche Platzseite nimmt das Rathaus (16. Jh.) ein.

Beachtung verdient jedoch vor allem die prachtvolle Fassade des ***Palacio de los Reyes.** Auf einem der Kapitelle ist der legendäre Kampf Rolands mit dem Riesen Ferragut inszeniert. In dem eindrucksvollen Gebäude (12. Jh.) sind die Touristikinformation und das Museo de Maeztu untergebracht.

Schräg oberhalb erhebt sich die romanische Kirche ***San Pedro de la Rúa.** Von dem schönen Kreuzgang sind nur noch zwei Flügel erhalten. Als man im 16. Jh. die benachbarte Burg sprengte, zertrümmerten Felsbrocken Teile des Claustro.

Weiter oben am Hang liegen das Kloster Santo Domingo und die Kirche

Tour 1 Wellen, Wein und Wallfahrt

 San Nicolás 1,
Tel./Fax 948 55 40 11.
Die Schlüssel zu den Kirchen bewahrt das Touristikamt; eine Besichtigung ist nur mit Führung möglich.

Busverbindungen: u. a. 7x tgl. nach Logroño.

Yerri, Avda. Yerri 35,
Tel. 948 54 60 34,
Fax 948 55 50 81. Komfortables Haus mit Parkplatz, nahe dem Río Ega gelegen. ○○

Santa María de Jus del Castillo. Auf der anderen Flussseite liegt im belebten Stadtzentrum die **Iglesia de San Miguel** mit einem skulpturenreichen romanischen *Nordportal.

*Logroño ❾

Die am Río Ebro liegende Stadt Logroño lebte im Mittelalter gut vom Wollhandel und dem Geld, das Santiagopilger hier ausgaben, ab dem 16. Jh.

Rote Spitzenweine

Was in den Anbaugebieten Rioja Alta (über 20 000 ha), Rioja Alavesa (über 10 000 ha) und Rioja Baja (fast 18 000 ha) heute gekeltert wird, ist international bekannt, wird es doch zu gut 30 % vor allem in EU-Länder exportiert. Der Anbau geht bis ins 12. Jh. zurück, doch weiß man, dass schon römische Legionäre in der Gegend einen Schwips bekamen. Wie sehr man sich in der Rioja um den Wein sorgte, zeigt eine gerne kolportierte Geschichte, der zufolge der amtierende Bürgermeister Logroños 1635 den Fuhrleuten verbot, ihren Weg direkt an Weinkellereien vorbei zu nehmen, um zu verhindern, dass »die Erschütterung durch diese Karren« die Weine verdürbe.

Als einzige Weine Spaniens erhalten die Rioja-Tropfen das Prädikat »calificada« und unterstehen somit ständiger Kontrolle.

In den über 2000 Bodegas werden auch Weiß- und Roséweine produziert, besonders gut sind jedoch die Rotweine, und unter ihnen wiederum diejenigen mit der Bezeichnung *Gran Reserva:* Mindestens zwei Jahre lagern sie in Eichfässern, weitere drei in der Flasche. *Crianza* bedeutet ein Jahr Fasslagerung, *Reserva* zwei Jahre. Als hervorragende Jahrgänge gelten 1981, 1982, 1987 und 1993. Wer ein paar Flaschen dieser guten Tropfen mit nach Hause nehmen möchte, sollte darauf achten, sie während des Transports kühl zu lagern.

**Donostia/San Sebastián → *Logroño → Bilbo/Bilbao   Tour 1

Logroños Kathedrale ist der Santa María de la Redonda geweiht

Bahnhof: Plaza de Europa; u. a. nach Haro und zu vielen Städten Nordspaniens.
Busbahnhof: Avda. de España s/n; nach Haro und Santo Domingo de la Calzada.

Marqués de Vallejo, Marqués de Vallejo 8, Tel. 941 24 83 33, Fax 941 24 02 88. Sehr zentral gelegen, komfortabel. ○○
▮ **Hostal Sebastián,** San Juan 21, Tel. 941 24 28 00. Sehr einfach. ○

Las Cubanas, San Agustín 17, Tel. 941 22 00 50. Viel gelobte Küche, Tipp: Gemüseeintöpfe und Kabeljau in Weinsoße. Sa Abend und So geschl. ○○

In der Altstadtgasse **Laurel** (Lorbeer) hat jede Bar ihre Tapas-Spezialität – und selbstverständlich den berühmten Riojawein in allen Variationen.

dann vom Weinanbau. Heute präsentiert sich die Hauptstadt der Provinz Rioja (111 000 Einw.) als geschäftstüchtig und quirlig, mit einer charmanten Altstadt, über deren Plätze im Frühsommer die Störche kreisen. In der **Ruavieja,** der Pilgergasse, weisen gelbe Pfeile den Gläubigen ihren Weg, vorbei an alten Fassaden und blumengeschmückten Balkonen. Logroños Sehenswürdigkeiten liegen nur wenige Gehminuten voneinander entfernt.

In der ehemaligen Klosterkirche **Santa María del Palacio** ist der Renaissancealtar eine Betrachtung wert. Die Attraktion der romanischen **Iglesia de San Bartolomé** ist das gotische Portal (14. Jh.). Die Fassade der hoch aufragenden dreischiffigen **Catedral Santa María de la Redonda** aus dem 16. Jh. mit ihren beiden Barocktürmen kann man vom Freiluftcafé an der Plaza del Mercado auf sich wirken lassen.

Oficina de turismo, Paseo del Espolón, geg. C. Gral. Vara de Rey, Tel. 941 29 12 60.

Nájera ❿

Wer nicht unter Zeitdruck steht, sollte von Logroño aus nicht direkt auf der N 232 ins 40 km entfernte Haro weiter fahren, sondern bei Navarrete die N 232 verlassen und auf der N 120 Nájera (27 km) ansteuern.

Der Ort am Pilgerweg nach Santiago ist berühmt für sein Kloster ***Santa María la Real,** das 1053 gegründet wurde, nachdem König García III Ramírez an dieser Stelle ein Marienbildnis aufgefunden haben soll. In der Klosterkirche beeindrucken das wunderschöne Chorgestühl (Ende 15. Jh.), die gotische Marienstatue auf dem Hochaltar, das Grabmal der Doña Blanca von Navarra (12. Jh.) und die isabellinische Puerta Real (Di–So 10 bis 13.30, 16–18 Uhr).

Tour 1 Wellen, Wein und Wallfahrt

Die Klöster von San Millán de la Cogolla ⓫

Von Nájera kann man entweder auf der N 120 gleich weiter nach Santo Domingo de la Calzada (18 km) fahren oder aber 25 km Umweg auf sich nehmen, um erst noch San Millán de la Cogolla einen Besuch abzustatten, das gleich zwei interessante Klöster besitzt. Das an einen Felshang gebaute **Monasterio de Suso,** 984 geweiht, gilt als einer der ältesten Bauten der Rioja. In der schlichten zweischiffigen Kirche, an deren Nordseite drei kleine Apsiden angrenzen, verbergen sich einige westgotische Steinmetzarbeiten. Das untere Kloster **San Millán de Yuso** (16.–18. Jh.) im Tal des Río Cárdenas ist eine Anlage im strengen Herrerastil, die daher auch als »Escorial von Rioja« bezeichnet wird. Außer den drei Kreuzgängen aus der Spätgotik, der Renaissance und dem Klassizismus lohnt die Schatzkammer des Klosters einen Besuch (Di–So 10 bis 13.30, 16–18 Uhr).

*Santo Domingo de la Calzada ⓬

Der Ort (5600 Einw.) verdankt seinen Namen Domingo (1019–1109), der half, hier eine Brücke über den Oja zu bauen und die Straße *(calzada)* zu pflastern. Die **Kathedrale** wurde 1098 begonnen, 1168 wurde der Grundstein für einen spätromanischen Neubau gelegt. Zu den Prachtstücken im Innern der dreischiffigen Basilika zählen das spätgotische *Grabmal Domingos von Juan de Rasines mit einer Alabasterskulptur des Heiligen aus dem 12. Jh. und das riesige platereske *Hochaltar-Retabel von Damian Formet (um 1540, Mo–Sa 10–14, 16 bis 18.30 Uhr).

Die Kirche besitzt eine äußerst ungewöhnliche Attraktion: einen lebenden weißen Hahn und eine weiße Henne, die in einem spätgotischen Käfig über der Tür zur Sakristei gackern. Sie vergegenwärtigen eine der populärsten Legenden vom Jakobsweg: Ein junger Mann aus dem Rheinland war fälschlicherweise des Diebstahls beschuldigt und gehenkt worden. Seine Eltern fanden ihn auf ihrem Rückweg aus Santiago allerdings – von Santo Domingo geschützt – lebend in der Schlinge vor. Sogleich überbrachten sie dem Bischof, der gerade Mahl hielt, die unglaubliche Nachricht. Ihr Sohn könne so wenig noch leben, entgegnete der Bischof scharf, wie das vor ihm liegende Brathuhn fliegen könne. Woraufhin das Huhn gackerte und vom Teller abhob.

🏠 **Parador Nacional,** Plaza del Santo 3, Tel. 941 34 03 00, Fax 941 34 03 25, www.paradorstodomingo.com. In einem historischen Pilgerhospiz in unmittelbarer Nähe der Kathedrale. ○○○

🍴 **Mesón el Peregrino,** Zumalacárregui 18 (beim Monasterio de las MM. Bernardas), Tel. 941 34 02 02. Rustikal eingerichtet. ○○

Haro ⓭

Das kleine Städtchen Haro überrascht mit einer Reihe von herrschaftlichen Gebäuden um die schmucke **Plaza de la Paz.** Als Zentrum des Weinanbaugebietes Rioja Alta genießt der Ort international einen gewissen Bekanntheitsgrad. Hier bekommt man den

Santo Domingo de la Calzada

Tour 1   Wellen, Wein und Wallfahrt

Weinprobe in Haro

vino tinto direkt vom Fass oder – wie bei der Batalla del Vino (»Weinschlacht«) Ende Juni – um die Ohren. Weinliebhaber finden hier gut 100 Bodegas. Voranmeldung erwünscht.

> Plaza Monseñor Florentino Rodríguez s/n, Tel. 941 30 33 66.

Los Agustinos, Plaza San Agustín 2, Tel. 941 31 13 08, Fax 941 30 31 48, E-Mail: josemiguel@losagustinos. Luxus in einem alten Augustinerkonvent. ○○○
La Peña, Plaza de la Paz 17, Tel. 941 31 00 22. Gemütliche Zimmer, etwas eng. ○
Camping: Camping de Haro, am Río Tirón, Tel. 941 31 27 37.

Mesón Atamauri, Pl. J. García Gato 1, Tel. 941 30 32 20. Ritterliches Ambiente. ○

*Gasteiz/Vitoria ⓮

Die 200 000 Einwohner zählende Hauptstadt der Provinz Araba (Alava) und gleichzeitig des gesamten Baskenlandes zeigt sich am Südrand der Altstadt von ihrer attraktivsten Seite. An der unebenen **Plaza de la Virgen Blanca** wird jedes Jahr am 4. August die mehrtägige Fiesta de la Virgen Blanca mit einer skurrilen Zeremonie eröffnet: Eine traditionell gekleidete Puppe wird vom Turm der gotischen Kirche San Miguel am Seil auf die Plaza herabgelassen. Sobald sich die Puppe in Bewegung setzt, zündet sich jeder auf dem Platz eine Zigarre an.

Wehrhaft wirkt die hoch gelegene ***Kathedrale Santa María** (14./15. Jh.), deren dreiteiliges ***Hauptportal** eine aufmerksame Betrachtung verdient. Nördlich der Kathedrale befinden sich einige alte Handelshäuser, die teilweise noch auf das 15. Jh. zurückgehen,

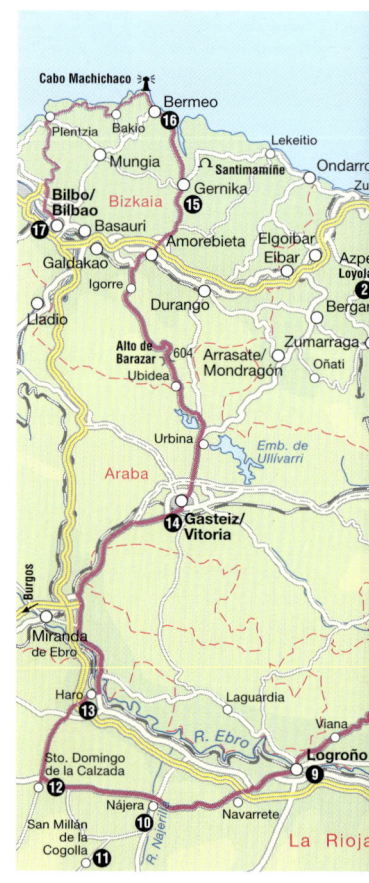

**Donostia/San Sebastián → *Logroño → Bilbo/Bilbao   Tour 1

wie z. B. dasjenige, in dem das Restaurant *El Portalón (s. u.) untergebracht ist.

Wesentlich älter sind die Fundstücke, die die Casa Armera de los Gobeos-Gevera-San Juan beherbergt. In dem Archäologischen Provinzmuseum sind zahlreiche Schätze aus keltiberischer und römischer Zeit zu bewundern (Di–Fr 10–14, 16.30–18 Uhr, Sa 10 bis 14 Uhr, So 11–14 Uhr).

Oficina de turismo, Parque de la Florida s/n, Tel. 945 13 13 21.

Flughafen: Aeropuerto de Foronda, 10 km außerhalb der Stadt, Tel. 945 27 33 00.
Busbahnhof: an der Calle Francia, Tel. 945 25 84 00.
Bahnhof: C. Eduardo Dato, Tel. 945 23 03 96.

Parador de Argomániz, ca. 15 km Richtung Irún an der N I, km 363, Tel. 945 29 32 00, Fax 945 29 32 87; www.parador.es. Schön gelegener Renaissancepalast. ○○○

Seite 64

Tour 1 Wellen, Wein und Wallfahrt

In Gernika erinnert man an die Tradition der baskischen Sonderrechte

▪ **Dato,** Eduardo Dato 28,
Tel. 945 14 72 30; www.arsys.es/
hoteldato/logelak.html. Kleines,
nettes Hotel im Zentrum. ○○

El Portalón, Correría 151,
Tel. 945 14 27 55.
Beste Küche in Gasteiz/Vitoria. ○○

▪ **Sidrería Sayartoki,**
Prado 18, Tel. 945 28 86 76.
Große, nie durchgebratene Rippen-
stücke *(chuletón)*.

Die Konditorei **Hueto e Hijos,**
Plaza Virgen Blanca, stellt ihre
Kuchen und Bonbons seit über 100
Jahren nach eigenen Rezepten her.

Gernika/Guernica ❻

Auf der gut ausgebauten N 240 geht
es weiter nach Gernika (15 400 Einw.).
Die »Heilige Stadt« der Basken war im
Mittelalter Sitz des Ältestenrates, der
regionale Sonderrechte (fueros) be-
saß. Traditionell trat der Rat immer
unter einer alten Eiche zusammen.
Der Stumpf dieses legendären Bau-
mes *(Gernikako Arbola)* ist im Hof des
Landtagsgebäudes *Casa de Juntas
ausgestellt (tgl. 10–14, 16–18 Uhr).

Während des Spanischen Bürgerkrieges legten deutsche Bomber der
Legion Condor – in Absprache mit
Franco – am 26. April 1937 die Stadt in
Schutt und Asche. Das berühmte Pi-
casso-Gemälde »Guernica« themati-
siert das Bombardement.

Gernika ist heute ein ruhiges Städtchen, das von Ackerbau und Vieh-
zucht lebt. Unterhalb der Casa de Juntas hielten die gotische Kirche Santa
María und einige Herrenhäuser den
Bomben stand.

Auf der Weiterfahrt zur Küste bietet
sich ein Abstecher zur 5 km nordöstlich von Gernika gelegenen **Cueva de
Santimamiñe** an, einer Höhle mit
prähistorischen Tierzeichnungen. Die
1917 entdeckten Pferde, Hirsche und
Bisons dürfen nur in kleinen Gruppen
à 15 Personen besichtigt werden
(Mo–Fr 5 x tgl. Tel. 946 25 29 75).

Bermeo ❼

33 km von Bilbo entfernt liegt der im
Kern malerische Küstenort Bermeo
(18 000 Einw.) mit seinem mittelalterlichen Turm Poeta Ercilla und dem darin
untergebrachten **Museo del Pescador,**
einem Fischermuseum, das die örtli-
chen Fischer selbst aufgebaut haben
(Di–Sa 10–13.30, 16–19.30 Uhr, So 10
bis 13.30 Uhr). In der Umgebung des
Hafenviertels liegen viele Strände,
u.a. die mit der blauen Umweltflagge
ausgezeichnete *Playa Aritxatxu.

Tipp Hinter Bermeo sollte man in
Richtung Bilbo den etwas länge-
ren Weg über **Bakio** wählen. Entlang
der landschaftlich attraktivsten Küstenstraße des Baskenlandes sieht
man einen Friedhof am Meer, Strände
und das Santuario San Juan de Gaztelugatxe auf einer kleinen Felseninsel.

Donostia/San Sebastián → *Logroño → Bilbo/Bilbao Tour 1

Bilbo/Bilbao ⑰

Die Hauptstadt der baskischen Provinz Bizkaia (375 000 Einw.) war lange Zeit nur eine Industriestadt mit hoher Luft- und Wasserverschmutzung, ein Moloch mit dem größten Handelshafen Spaniens. Inzwischen versucht Bilbo mit ungeheuren Investitionen, die Umwelt zu sanieren und sein Image zu verbessern. Eine moderne Metro wurde gebaut; das wie ein futuristisches Schiff anmutende Museo Guggenheim zieht die internationale Kunstszene an, neue Einkaufszentren und Kongresshallen sollen die Bilanzen ankurbeln – unter ihrer Dunstglocke vermittelt die Stadt eine Atmosphäre des Aufbruchs. Seinen Wohlstand verdankte Bilbo dem Seehandel und der Eisenindustrie.

Besonders im 19. Jh. entstanden zahlreiche Häuser der heutigen Altstadt am Fluss Nervión. Bilbos Herzstück sind die siete calles (»sieben Straßen«) und die nördlich davon gelegene Catedral de Santiago. Attraktiv ist das **Museo Arqueológico, Etnográfico e Histórico Vasco** in einem ehemaligen Jesuitenkloster in der Calle de la Cruz 4 mit einer Ausstellung zur baskischen Kulturgeschichte (Di-Sa 10–13.30, 16–19 Uhr, So 10.30 bis 13.30 Uhr). In der Neustadt lohnt das **Museo de Bellas Artes** an der Plaza del Museo 2 am Rande des Parque de Doña Casilda de Iturruza einen Besuch. Die Gemäldegalerie bietet erstklassige niederländische und spanische Meister. (Di–Sa 10–13.30, 16 bis 19.30 Uhr, So 10–14 Uhr).

Im Oktober 1997 wurde das berühmte **Museo Guggenheim** an der Alameda de Mazarredo im Norden der Neustadt eröffnet (s. auch S. 6 f.). Architekturkritiker haben das Museum Guggenheim in Bilbo zum bedeutendsten Bauwerk des 20. Jhs. erklärt.

Die silbrig glänzende Gebäudeskulptur des nordamerikanischen Architekten Frank Gehry, eine »Choreographie der Volumen«, feiert die Architektur als Kunst, der eigentliche Zweck wird – fast – zur Nebensache.

Auf drei Ebenen von insgesamt 24 000 m² ist ein Teil der größten Privatsammlung der Welt ausgestellt: neben Chagall, Mondrian und Klee auch viele international renommierte spanische Künstler (Di–So 10.30 bis 20 Uhr, Tel. 944 23 27 99).

Seite 64

Oficina de turismo, Plaza de Arriaga s/n, Tel. 944 16 00 22, Fax 944 20 49 69.

Flughafen: Aeropuerto Sondica, 9 km nördlich, Tel. 944 53 06 40.
Bahnhof: Plaza de España; u. a. nach Logroño, A Coruña, Tel. 944 23 86 36.
Busbahnhof: Automóviles Vascongados, Hurtado de Amézaga s/n, Tel. 944 23 78 60; u. a. nach Gernika.

Gran Hotel Ercilla, Ercilla 37–39, Tel. 944 70 57 00, Fax 944 43 93 35; www.hotelercilla.es/es/index.php3. Stilvolles, zentral gelegenes Mammuthotel. ○○○
▍ **Hotel Arriaga,** Ribera 3, Tel. 944 79 00 01. Klein, zentral. ○○
▍ **Gurea,** Bidebarrieta 14, Tel. 944 16 32 99. Schlicht. ○

Zortziko, Alameda Mazarredo 17, Tel. 944 23 97 43. Extraklasse, drei Speisesäle. ○○○
▍ **Amboto,** Jardines 2, Tel. 944 15 62 48. Tipp: Seehecht in Krabbensoße. ○○
▍ **Café Iruña,** Berastegi 5. Leckere Mittagsgerichte. ○

Kafe Antzokia, San Vincente 2, Tel. 944 24 46 25. Megadisko, baskische Livegruppen.

Tour 2

Bergspitzen und Seebäder

*Castro Urdiales → *Santander → **Santillana del Mar → *Comillas → **Picos de Europa (ca. 280 km)

Diskussionen darüber, ob man im Urlaub lieber in die Berge fährt oder ans Meer, erübrigen sich bei dieser Route. Wenn man weiße Schneehauben auf den Picos de Europa erblickt, nachdem man gerade noch schäumende Wellen vor Augen hatte, ist man im kontrastreichen Kantabrien. An die 60 kleine und mittelgroße Sandbuchten zwischen schroffen Felsen prägen das Bild der Küstenlandschaft ebenso wie Weiden in bis zu 2500 m Höhe. Wie hineingewürfelt liegen die Hauptstadt Santander, vereinzelte Dörfer und jahrtausendealte Höhlen.

*Castro Urdiales ⓴

Der kantabrische Küstenort (15 500 Einw.) war schon bei römischen Legionären beliebt. Aus der Altstadt ragen die gotische Kirche ***Nuestra Señora de la Asunción** (14./15. Jh.) und das benachbarte **Castillo de Santa Ana** auf. Am Hafen findet man Cafés und Restaurants. Vor allem Zentralspanier schätzen diesen schönen Urlaubsort.

> Avda. de la Constitución 1, Tel. 942 85 90 07.

> **La Sota,** Correría 1, Tel. 942 87 11 88, Fax 942 87 12 84. 20 m vom Hafen entfernt. ○○

Das Hafenstädtchen Castro Urdiales geht auf die Römer zurück

> **El Marinero,** Correría 23, Tel. 942 86 00 05. Fischspezialitäten. ○○

Costa de la Esmeralda

Laredo ⓳ (13 250 Einw.) mit seinem herrlichen, gut 5 km langen Sandstrand nimmt einen vorderen Rang unter den Sommerferienorten an der kantabrischen Küste ein. Entsprechend groß ist das Angebot an Unterkünften, Diskos und Bars. Bei einem Spaziergang durch den alten, malerischen Ortskern gelangt man zur gotischen Iglesia de la Asunción (13. Jh.).

Tipp Am letzten Freitag im August ist Laredo Schauplatz des Festes **Batalla de las Flores.** Festwagen und Sardinenkutter werden mit ihnen geschmückt und die Festteilnehmer bewerfen sich mit Blüten.

Santoña ⓴ liegt an der Mündung des lachs- und forellenreichen Asón auf einer kleinen Halbinsel. Das Städtchen (11 700 Einw.) lebt eher von dem Fischereihafen und der Konservenindustrie als vom Tourismus. Dabei sind die umliegenden Strände, die romanische Kollegiatskirche Santa María

In Santillana del Mar scheint die Zeit stehen geblieben zu sein

Ein Wisent, verewigt in Altamira

(12./13. Jh.) und die Festung aus dem 17./18. Jh. am Stadtstrand San Martín keineswegs zu verachten. Wesentlich mehr profitieren die Orte **Noja** und **Isla** vom Fremdenverkehr, was die zahlreichen Hotels und Campingplätze bereits anzeigen. Die Strandbuchten sind wirklich schön, die Fischrestaurants ausgezeichnet.

Santillana del Mar ㉑

Entgegen dem, was der Namenszusatz *del Mar* verheißt, liegt der denkmalgeschützte Ort Santillana del Mar keineswegs direkt am Meer, sondern rund vier Kilometer davon entfernt. Der Name selbst hat mit der hl. Juliana

Cueva de Altamira

Die neunjährige María, Tochter des Archäologen Marcelino Sanz de Sautuola, entdeckte 1879 in einer Höhle bunte Tierbilder. Als der Vater dies als Entdeckung paläolithischer Felsmalerei veröffentlichte, hielt ihn die Fachwelt schlichtweg für verrückt. Zwischen 18 000 und 13 000 v. Chr. entstandene Felsmalereien, so hieß es, könnten niemals eine solche Farbkraft wie die in leuchtenden Rot-, Ocker- und Schwarztönen gehaltenen Bilder, eine solche Anpassung an das Relief der Steine und Dynamik der Bewegung zeigen. Sautuola hat die Korrektur des Urteils nicht mehr erlebt – heute gilt die berühmteste Höhle Spaniens als „Sixtinische Kapelle prähistorischer Kunst". Die Darstellungen der Bisons, Hirschkühe, Pferde und Wildschweine litten bald unter der Atemluft der zahlreichen Besucher. Inzwischen wurde eine Zugangsbeschränkung erlassen; die Cueva de Altamira kann deshalb nur noch nach mindestens einjähriger Voranmeldung besucht werden (für Besuche Sa/So sogar 16 Monate im Voraus; Centro de Investigaciones, 39330 Santillana del Mar).

Eine 2001 eröffnete, detailgetreue Reproduktion der Höhle »Altamira 2« macht die Bilder für das Publikum zugänglich (tgl. 9.30 bis 19.30 Uhr).

von Nikomedia zu tun: Die Reliquien der Christin, die lieber den Märtyrertod auf sich nahm, als einen ungetauften römischen Richter zu heiraten, wurden in einem Kloster gehütet, um das sich die Stadt herum entwickelte.

Die meisten Touristen beschränken ihren Besuch auf einen kurzen Spaziergang durch den Stadtkern mit seinen ockerfarbenen, wappengeschmückten Adels- und Herrenhäusern aus dem 15. bis 17. Jh. Nachdem man die Sehenswürdigkeiten – die Casa de la Villa, den Palacio del Marqués de Santillana und die Torre de Merino – besichtigt hat, kann man sich dem kunsthistorischen Highlight der kleinen Ortschaft zuwenden: der *Colegiata. Im Hauptschiff der Stiftskirche ruhen die Gebeine der hl. Juliana in einem Sarkophag. Ein Schmuckstück ist der **Kreuzgang (12. Jh.) mit seinen romanischen Kapitellsculpturen (9.30–13, 16–19.30 Uhr). Daneben gibt es ein Museum religiöser Kunst, ein Museum zu Foltergeräten der Inquisition sowie einen kleinen Zoo.

Tipp Zwei Kilometer südwestlich von Santillana del Mar befindet sich die für ihre spektakulären eiszeitlichen Malereien bekannte Höhle ***Cueva de Altamira** (s. S. 69).

 Oficina de turismo, Plaza Mayor, Tel. 942 81 80 75.

Bahn- und Busverbindungen:
mehrmals stdl. nach Santander und Comillas.

 Parador de Santillana, P. Ramón Pelayo 8, Tel. 942 81 80 00, Fax 942 81 83 91; www.parador.es. Ein Palast aus dem 15./16. Jh mit allem Komfort. ○○○
▍ **Altamira,** Cantón 1, Tel. 942 81 80 25, Fax 942 84 01 36. Schön gelegen, komfortabel, Reservierung ratsam. ○○
▍ **San Roque,** Castro 13, Tel. 942 81 82 43, Fax 942 84 02 29. Mitten in der Altstadt. ○○
▍ **Posada Araceli,** Campo Revolgo 20, Tel. 942 84 01 94. Nettes Haus, ruhig gelegen, am Stadtrand. ○○

Los Blasones, Plaza La Gándara s/n, Tel. 942 81 80 70. Stilvolles Restaurant. ○○

Convento Madres Domínicas, Dorat 4. Etwas für Naschkatzen: Gut sortiertes Gebäck.

*Comillas ㉒

Der Ort (2500 Einw.) zeichnet sich durch den Einfluss des katalanischen Jugendstils *(modernisme)* aus. Dies gilt ebenso für die ehemalige **Bischöfliche Universität,** die Joan Martorell 1883 entwarf, wie für den **Palast des Marqués de Comillas,** in dessen Park Antoni Gaudí um 1884 den spielerisch-verträumten Pavillon ***El Capricho** schuf. Einen Besuch wert ist neben der Plaza Mayor und dem schmucken Hafen der Friedhof, der einige Jugendstilgräber birgt.

 Oficina de turismo, La Aldea 6, Tel. 942 72 07 68.

Busverbindungen: u. a. nach Santillana del Mar, Santander

 Esmeralda, A. López, Tel. 942 72 00 97, Fax 942 72 22 58. Gutes Mittelklassehotel. ❍❍

 El Capricho de Gaudí, Barrio de Sobrellano, Tel. 942 72 03 65. Experimentell wie die Architektur ist auch die Zubereitung der frischen Meeresfrüchte. ❍❍

Kleine Badeorte

Hinter Comillas liegen die weiten Dünenstrände Oyambre, Jerra und Merron, die zu einer Badepause verführen. Der Urlaubs- und Fischerort **San Vicente de la Barquera** ㉓ schmiegt sich an die Mündung des Río Escudo. Auf dem Hügel der Altstadt erhebt sich die Kirche Santa María aus dem 13./14. Jh. auf dem Hügel der Altstadt.

 Luzón, Avda. de Miramar 1, Tel./Fax 942 71 00 50. Mitten im Zentrum. ❍❍
Camping: Playa de Oyambre, direkt am Strand, Tel. 942 71 14 61.

 Maruja, Avda. del Generalísimo, Tel. 942 71 00 77. Tipp: zarzuela de mariscos. ❍❍

Nach kurzer Fahrt in westlicher Richtung erreicht man **Unquera**. Der Ort kann außer ein paar schönen Stränden eine landesweit bekannte Süßigkeit vorweisen: die *corbatas* (»Krawatten«) aus Blätterteig und Schokolade.

Don Pablo, in Pechón (vor Unquera), Tel. 942 71 95 00, Fax 942 71 95 00. Meerblick, Touren in die Picos de Europa. ○○
▌**Posada Mellante,** ebenfalls in Pechón, Tel./Fax 942 71 94 71. Landhaus. ○○

**Picos de Europa

Von Unquera aus führt die gut ausgebaute N 621 in den kantabrischen Teil der Picos de Europa, ein abwechslungsreiches Szenarium zwischen sattgrünen Bergwiesen und hohen, schroffen Felswänden. Auf dem Weg nach Fuente Dé (67 km) gelangt man zunächst durch die fast 25 km lange Schlucht Desfiladero de la Hermida zur Kirche *Santa María de Lebeña aus dem Jahr 925. Sie gilt als das wichtigste mozarabische Bauwerk Kantabriens. Typisch für die Zeit sind die Hufeisenbögen im Innern.

Über das Städtchen **Potes** mit seinem Turm Torre de Infantado aus dem 15. Jh. führt der Weg bis zum 1005 m hoch gelegenen Bergsteigerzentrum **Fuente Dé**, wo eine Kabinenseilbahn in drei Minuten weitere 800 m bis zum **Mirador El Cable hinaufgleitet (tgl. 9–20 Uhr, im Winter 10–18 Uhr). Die karge Felslandschaft ist mittlerweile im Hochsommer ein sehr beliebtes Touristenziel. Von hier aus bieten sich mehrere Wanderwege an. Man kann eine einfache Fahrt lösen und über das »Refugio de Aliva« (1667 m) in drei Stunden die vier Kilometer nach Espinama zurückwandern.

Organisación Turismo Ecuestre Picos de Europa, Potes-Turieno, Cantabria, Tel./Fax 942 73 08 96, E-Mail: b.elcaballo@terra.es. Reitausflüge durch das Valle de Liébana.

Parador de Fuente Dé, Tel. 942 73 66 51, Fax 942 73 66 54; www.parador.es. Neben der Seilbahnstation, ganzjährig geöffnet. ○○
▌**Hotel del Oso,** Cosgoya, Carretera Potes–Fuente Dé, Tel. 942 73 30 18, Fax 942 73 30 36; hostecan.com/hoteldeloso/entorno. Ein wahres Tophotel! ○○
Camping: La Viorna, bei Potes, Tel. 94 27 33 20 21.

Die Spitzen Europas

Den Namen Picos de Europa sollen Seefahrer erfunden haben, die sich an den »Spitzen« bei der Heimfahrt orientierten. Kein Wunder, ragen in der Bergwelt dieses größten Nationalparks Europas zwischen Asturien, Kantabrien und Kastilien/León doch so hohe Berge wie Torre Cerredo (2648 m), Torre de Llambrión (2642 m) und Torre de la Palanca (2614 m) auf. Die prächtige Gebirgslandschaft unterscheidet sich von dem übrigen Kantabrischen Gebirge durch ihre majestätisch wirkenden Kalksteinberge mit ausgewaschenen Höhlen, unterirdischen Flüssen und eine geradezu üppige Vegetation. Das Wanderparadies ist besonders im September ein Genuss, wenn Regen und Nebel seltener werden.

Llanes → *Oviedo → *Costa Verde → *Luarca → Taramundi   Tour 3

Tour 3

Apfelwein und einsame Buchten

Llanes → **Picos de Europa (asturischer Teil) → *Oviedo → *Costa Verde → *Luarca → Taramundi (ca. 250 km)

Auf dieser Fahrt durch Asturien lernen Sie das geschichtsträchtige Cangas de Onís kennen, die »Wiege der spanischen Monarchie«, Sie können durch die spektakuläre Garganta de Cares wandern, den berühmten Blauschimmelkäse direkt an seinem Herkunftsort kosten und Sidra (Apfelwein) dazu trinken. Es erwarten Sie vorgeschichtliche Höhlen, die charmante Altstadt von Oviedo und in der Umgebung der Hauptstadt des Fürstentums Asturien einzigartige Bauwerke des frühen Mittelalters. Nach dem Kulturgenuss lädt die Costa Verde, die zu Recht als grüne Küste bezeichnet wird, zum Baden ein.

Llanes und Ribadesella

Umgeben von zahlreichen schönen Strandbuchten liegt die teilweise arg verbaute Fischerstadt **Llanes** ㉕ (21 000 Einw.) am Rande der Sierra de Cuero mit ihrem höchsten Berg, dem 1315 m hohen Turbina. Die historische Bedeutung von Llanes sieht man gut beim Spaziergang auf dem Paseo de San Pedro: es sind Reste eines Kastells und der mittelalterlichen Stadtmauer, die unter Alfonso IX – zeitgleich mit der *Kirche Santa María del Conceyu im 13. Jh. – entstanden sind.

Oficina de turismo,
Avda. Nemesio Sobrino s/n, Tel. 98 40 01 64. U. a. Informationen über geführte Touren durch die Picos de Europa.

La Posada de Babel,
Los Pasucos s/n, La Pereda, Tel. 985 40 25 25, Fax 985 40 26 22. Schöne Unterkunft mit Gebirgskulisse. Stilvolle Zimmer, eines befindet sich in einem alten Maisspeicher. ○○
▌**Rocamar,** Playa de Poo, Tel. 985 40 12 13. Unmittelbar an der windstillen Strandbucht Poo. ○○

La Marina, gleich am Hafen, Tel. 985 40 21 76. Schiffartig gebautes Restaurant. ○○

Der Ort **Ribadesella** (6400 Einw.) an der Mündung des Río Sella besticht durch den alten Hafen, die Tavernen und einen weiten Sandstrand.
  In den nahe gelegenen ***Cuevas de Tito Bustillo** kann man über 18 000 Jahre alte Felszeichnungen von Jagdtieren bestaunen (Di–So 10–13, 15.30 bis 17.15 Uhr).

*Cangas de Onís ㉖

Die Weiterfahrt in den asturischen Teil der ****Picos de Europa** führt über Cangas de Onís (3300 Einw.). Der legendäre erste König Asturiens, der Westgote Don Pelayo, gründete hier 718 die vorübergehende – und vor den Mauren versteckte – Hauptstadt der Region. Das christliche Kleinkönigreich wurde zur Keimzelle der Reconquista. Dies symbolisiert bis heute ein Siegeskreuz (Cruz de Victoria) am hohen ***Puente Románico,** der über den Río Sella führt.

73

Tour 3 Apfelwein und einsame Buchten

Der aus drei Milchsorten hergestellte Cabrales reift in Höhlen

Ebenfalls sehenswert ist die **Ermita de la Santa Cruz** (15. Jh.) mit einem Dolmen aus der Bronzezeit.

 Fünf Kilometer östlich von Cangas haben sich in der ***Cueva del Buxu** über 10 000 Jahre alte Zeichnungen von Pferden und Hirschen erhalten. Da die Teilnehmerzahl für Besichtigungen auf 25 Personen pro Tag beschränkt ist, sollten Sie frühzeitig dort sein (Di 16–18.30 Uhr, Mi–So 10 bis 12.30, 16–18.30 Uhr).

 Aultre Naray, Peruyes, Tel. 985 84 08 08, Fax 985 84 08 48. Geschmackvoll eingerichtetes Haus aus dem 19. Jh. ○○○

Sidrería el Molín de la Pedrera, Bernabé Pendás 1, Tel. 985 84 91 09. Probieren Sie Kalbslende mit Blauschimmelkäse *(solomillo al cabrales)* oder Forelle. ○○

*Arenas de Cabrales ㉗

Käseliebhabern und Freunden spektakulärer Wanderungen ist ein Abstecher in die Käsehochburg Arenas de Cabrales (25 km östlich von Cangas de Onís) zu empfehlen, in der der berühmte Blauschimmelkäse *cabrales* hergestellt wird. Hier kann man auch

Blick ins Tal des Río Cares

eine Höhle besichtigen, in der dieser Käse aus Schafsmilch drei bis sechs Monate bei einer Luftfeuchtigkeit von 90 Prozent reift. Problematisch ist übrigens der Transport des Käses. Luftdicht verpackt, verdirbt er kurz nach dem Öffnen; andernfalls ist er bei der Weiterfahrt ein echtes Geruchsproblem. Genießen Sie ihn lieber vor Ort!

Berühmt ist Arenas de Cabrales auch als Ausgangspunkt für Wandertouren, etwa durch die **Cares-Schlucht**.

Sechs Kilometer südlich von Arenas de Cabrales liegt der Ort Poncebos als Ausgangspunkt einer spektakulären Wanderroute durch die ****Garganta de Cares ㉘**, die Cares-Schlucht. Ein 12 km langer, relativ ebener und leicht begehbarer Pfad führt durch Tunnel und über schmale Stege am Río Cares entlang bis nach Caín. Dieser Ort gehört bereits zur Provinz León. Für Hin- und Rückweg muss man mit 6–7 Stunden rechnen. Unter den weiteren Wander-

Llanes → *Oviedo → *Costa Verde → *Luarca → Taramundi   Tour 3

In einer Felsengrotte von Covadonga hält Asturiens Schutzpatronin Hof

Vom Lago de Enol bieten sich herrliche Wandermöglichkeiten

möglichkeiten ab Poncebos lohnt sich der kurze, steile Aufstieg zum **Mirador Camarmeña** mit Blick auf den 2519 m hohen Naranjo de Bulnes (einfach 30 Min.).

 Oficina de turismo, Ctra. General s/n (kleiner Kiosk).

 Picos de Europa, Ctra. General s/n,
Tel. 985 84 64 91, Fax 985 84 65 45. Das beste Hotel vor Ort, mit Schwimmbad. ○○○
▍ **Naranjo de Bulnes,** Ctra. General s/n, Tel. 985 84 65 19,
Fax 985 84 65 20. Besonders bei Bergsteigern beliebt. ○○
Camping: Naranjo de Bulnes,
1 km östl., Tel. 985 84 65 78.

**Picos de Europa

*****Covadonga** ㉙, der einstige Ausgangspunkt der Reconquista am Fuß der asturischen Picos de Europa, ist heute ein beliebter Wallfahrtsort. Im Mittelpunkt steht die **Cueva Santa** (»Heilige Höhle«), eine Felsgrotte mit dem Grab des Fürsten Pelayo und einer Statue der Schutzpatronin Asturiens, La Santina genannt (18. Jh.). Oberhalb befindet sich die neoromanische doppeltürmige Basilika von Roberto Frasinelli.

Von hier aus führt eine streckenweise beängstigend schmale und steile Asphaltstraße 12 km hinauf zu den Bergseen **Enol** und **Ercina.** Die beiden Gletscherseen in karstigem Panorama liegen dicht beieinander in über 1000 m Höhe. Zunächst erreicht man den Enol-See, am Ercina-See

Asturiens Bären

Zu Beginn des 20. Jahrhunderts lebten in den Bergen Nordspaniens noch bis zu 1000 Braunbären. Doch Wilderei und Umweltzerstörung haben Meister Petz so zugesetzt, dass er den Rückzug in die östlichen Berge Asturiens und in die Picos de Europa antrat. Heute sollen gerade noch 20 Paare in Freiheit leben. Einige Naturreservate versuchen, das Aussterben des bis zu 2.20 m großen und 250 kg schweren Braunbären *(oso pardo)* zu verhindern. Besonders gut zu beobachten sind die Tiere in der ehemaligen Mine Cabárceno (s. S. 41), wo sie in einem großen Gehege nach Herzenslust buddeln, balgen und baden.

endet die Straße. Bei gutem Wetter genießt man einen herrlichen Weitblick über die asturische Bergwelt bis hin zum Meer. Die beiden Seen bilden Ausgangspunkte für schöne Wanderrouten.

*San Salvador de Valdedíos ⓚ

Für die Weiterfahrt nach Oviedo kann man die N 634 wählen und – sofern man auf die Besichtigung Gijóns verzichtet – erst wieder bei Cudillero zur Küste vorstoßen. Wer die Küstenstraße Richtung Gijón einschlägt, kommt an den Siedlungen La Vega und La Isla sowie dem Fischerort Lastres mit seinem denkmalgeschützten Ortskern vorbei.

Freunde des Apfelweins sollten in **Villaviciosa** Halt machen. Die Stadt mit ihren zahlreichen Tavernen gilt als führend in der Sidra-Produktion. Den Besuchern bleibt es wahrscheinlich ein Rätsel, wie man Sidra mit erhobenem Arm so treffsicher in die hauchdünnen Gläser gießen kann.

Ob Nationalstraße oder Küstenweg, ein Abstecher nach San Salvador de Valdedíos lohnt sich. Etwa 9 km südwestlich von Villaviciosa steht die frühromanische Kirche neben einem Zisterzienserkloster aus dem 13. Jh. in einem abgelegenen, friedlichen Tal. Die kleine dreischiffige Kirche mit den geschwungenen Steingitterfenstern ist ein echtes Glanzstück der Frühromanik (893).

Gijón ⓛ

Die Hauptstadt der Costa Verde stellt mit 262 000 Einwohnern die größte Hafenstadt der asturischen Küste dar. In den Industrieanlagen (insbesondere Schwerindustrie), die die Stadt umgeben, wird ein Viertel der gesamten asturischen Produktion erzeugt. Der lange Sandstrand **San Lorenzo,** der Sporthafen, schöne Plätze und Paläste wie der **Palacio Revillagigedo** (18. Jh.) ziehen im Sommer zahlreiche Gäste an.

Den Kern der arkadenreichen Altstadt bilden die **Plaza Mayor** und etwas oberhalb davon die **Plaza Jovellanos.** Auf der Halbinsel Santa Catalina liegt das ehemalige, nunmehr denkmalgeschützte Fischerviertel **Cimadevilla** mit engen Gassen und urigen Kneipen.

Eine Attraktion ist das etwas außerhalb gelegene ***Museo Etnográfico Pueblo de Asturias,** ein nachgebautes asturisches Dorf, das man u. a. über den Strand Lorenzo erreicht. Außer Bauernhäusern, Getreidespeichern, und landwirtschaftlichen Geräten kann man dort auch ein Dudelsack-Museum besichtigen (Di–Sa 17 bis 20 Uhr, So 12–14 Uhr).

Tipp Im Juli findet ein internationales Filmfestival statt. Zur **semana negra** (»Schwarze Woche«) werden eine Woche lang ausschließlich Gangsterfilme gezeigt.

Oficina de turismo, Marqués de San Esteban 1.

Flughafen: Siehe Oviedo, S. 78.
Bahnhof: Estación de Norte s/n, Tel. 985 32 18 17; alle 30 Min. nach Oviedo.
Busbahnhof: Alsa, Magnus Blikstad 2, Tel. 985 34 27 11; die Gesellschaft fährt zahlreiche Orte und den Flughafen an.

Parador del Molino Viejo, Parque de Isabel la Católica, Tel. 985 37 05 11, Fax 985 37 02 33;

www.parador.es. Modernes Luxus-Hotel in einer alten Mühle. ○○○
▍ **Casona de Jovellanos,** Plaza de Jovellanos 1, Tel. 985 34 20 24, Fax 985 35 61 51. Kleine Unterkunft, hier wurde 1794 ein Institut für Nautik und Mineralogie eingerichtet. ○○
▍ **Plaza,** Prendes Prado 2, Tel. 985 34 65 62. Komfortabel im südlichen Zentrum gelegen. ○

Casa Víctor, Carmen 11, Tel. 985 35 00 93. Preiswerte Sidra-Bodega. ○○

*Oviedo ㊼

Es ist bei einem Turm geblieben: die Kathedrale von Oviedo

Der wirtschaftliche und kulturelle Mittelpunkt Asturiens (200 000 Einw.) liegt rund 25 km vom Meer entfernt. An der Peripherie haben sich Schwerindustrie, Chemie- und Textilfirmen angesiedelt. Wegen der Steinkohlezechen sind manche Fassaden in der Altstadt von Ruß geschwärzt. Schöne Plätze wie Plaza de Alfonso II und Plaza Mayor, ein hübscher Stadtpark, nette Gassen mit einladenden Lokalen verleihen ihr dennoch viel Charme.

Die Universitätsstadt mit einer sehr lebhaften Studentenszene blickt auf eine wechselhafte Geschichte zurück. Im 9. Jh. wurde sie das Zentrum des westgotischen Königreichs Asturias und die Keimzelle der Reconquista. In dieser Zeit entstanden auch die frühromanischen Kirchen der Umgebung, die heute zum Weltkulturerbe zählen.

Später wurde die Region von den kastilischen Herrschern zum Fürstentum *(Principado de Asturias)* erhoben. Traditionell trägt der spanische Thronfolger den Titel »Fürst von Asturien« *(principe de Asturias)*. 1608 wurde Oviedo mit einer Universität ausgestattet. An ihr lehrte im 19. Jh. der Dichter Leopoldo Alas Clarín, aus dessen Feder u. a. die Novelle »La Regenta« stammt.

Mit der Industrialisierung wuchs die organisierte Arbeiterschaft, die im Spanischen Bürgerkrieg entschlossenen Widerstand gegen Franco leistete. Bis heute sind die Gewerkschaften und der linke Flügel der PSOE sehr aktiv.

Mitten in der Stadt liegt der schön angelegte ***Parque de San Francisco,** der zu einem Spaziergang im Grünen einlädt. Im 60 000 m² großen Park mit seinen Pfaden, Teichen, Kiosken und einem ehemaligen romanischen Kirchenportal suchen Oviedos Bürger Erholung. Hinter dem Platz befindet sich das **Teatro Campoamor,** in dem auch Konzerte und Opern geboten werden.

Durch die Calle Tartiere kommt man zur ***Catedral de San Salvador** an der hübschen Plaza de Alfonso II, die von alten Stadtpalästen gesäumt ist. Die im wesentlichen spätgotische Kathedrale entstand ab dem Jahre 1376. Im

Gegensatz zu den gewohnten Zweiturmfassaden ragt hier nur ein 82 m hoher Turm auf – nach der Fertigstellung des Südwestturms im 16. Jh. war für einen zweiten Turm just kein Geld mehr da.

Die Kathedrale birgt die Gräber asturischer Könige und die *Cámara Santa (»Heilige Kammer«) aus dem 9. Jh., einen Raum mit besonders wertvollen Schätzen der Regenten. Dieser Raum wird durch ein schweres Eisengitter geschützt, zumal bei einem Raub 1978 zwei Goldkreuze zerstückelt und ihrer kostbaren Steine beraubt wurden. Herausragend ist eine Agattruhe sowie das edelsteinbesetzte Engelskreuz *Cruz de los Angeles aus dem Jahre 808, ein Geschenk von Alfonso II el Casto.

Von der Kathedrale aus erreicht man in nur wenigen Gehminuten das Monasterio de San Vicente in der Calle San Vicente, in dem das *Museo Arqueológico untergebracht ist. Ausgestellt sind prähistorische, römische und romanische Funde. Zu den Besonderheiten gehören römische Straßenkarten aus gebranntem Ton (Di–Sa 10–13, 16–18 Uhr, So/Fei 11–13 Uhr).

Neben dem Museum erhebt sich die **Iglesia de Santa María la Real de la Corte** aus der Spätrenaissance, an die sich wiederum das von Alfonso II el Casto (791–842) gegründete Convento de San Pelayo anschließt. Kirche, Turm und Kloster wurden im 16.–18. Jh. errichtet.

Wenige Schritte südöstlich der Kathedrale liegt das **Museo de Bellas Artes** in der Calle Santa Ana 1. In dem Palast aus dem 18. Jh. hängen Gemälde der Renaissance und des Barock. Darüberhinaus sind Werke asturischer Maler wie Orlando Pelayo, Paulino Vicente und Vaquero Palacios zu sehen (Di–Fr 11–13.30, 16.30–20 Uhr, Sa 11 bis 13.30 Uhr).

Oficina de turismo, Plaza de Alfonso II 6, Tel. 985 21 33 85.

Flughafen: Der Flughafen Asturias liegt westlich von Avilés (47 km von Oviedo) in Rañon, Tel. 985 54 77 33.
Bahnhof: Estación del Norte am Ende der Calle Uria, Tel. 985 25 02 02; u. a. Gijón, Logroño, Pamplona. **FEVE-Bahnhof,** Avda. de Santander, Tel. 985 28 04 96; zu den Küstenorten.
Busverbindungen: Kein zentraler Busbahnhof. Mehrere Gesellschaften u. a. nach Galicien und zu den Picos de Europa.

Reconquista, Gil de Jaz 16, Tel. 985 42 11 00,
Fax 985 24 11 66,
www.hoteldelareconquista.com.
Asturiens edelstes Hotel. ○○○
▍ **Santa Clara,** Santa Clara 1,
Tel. 985 22 27 27, Fax 985 22 87 37.
Funktionale Unterkunft am Rande der Altstadt. ○○
▍ **Belmonte,** Uria 31, Tel. 985 42 10 20, Fax 985 24 25 78. Freundlich, geräumig, in Bahnhofsnähe. ○.

Del Arco, General Zurillaga, Tel. 985 25 55 22. Spitzenrestaurant, stolze Preise. ○○○
▍ **El Raitán,** Plaza de Trascorrales 6, Tel. 985 21 42 18. Traditionelle asturische Küche: neungängiges Menü! ○○
▍ **Baldedios,** Ecke Carta Puebla/Fuero, Tel. 985 20 44 66. Vor allem von Musikern und Malern geschätztes Altstadtrestaurant über einer netten Kneipe. ○
In Oviedos Altstadt gibt es viele Sidrerías, wo Apfelwein mit erhobenem Arm in hauchdünne Gläser gegossen wird:
Faro Vidio, Cimadevilla 19, Tel. 985 22 86 24. Sidrería mit angeschlossener Küche, mit Terrasse.

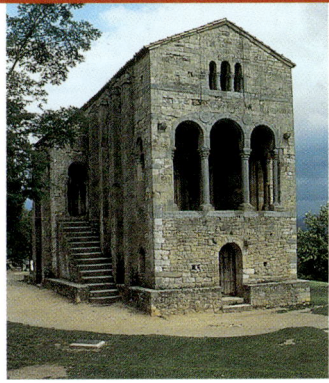

Ursprünglich Teil eines Königspalasts: die frühromanische Kirche Santa María de Naranco

San Miguel de Lillo wurde ebenfalls um die Mitte des 9. Jhs. erbaut und nach einer Naturkatastrophe wiederrichtet

Crivencar, Santa Susana 2. Wildspezialitäten, Schinken, Cabrales-Käse und Sidre.

▪ In der Markthalle **Mercado Fontán** südwestlich der Plaza Mayor wird man vom Sidre bis zum Blauschimmelkäse bestens bedient.

▪ Südlich davon, an der **Plaza Daviz y Velarde,** findet sonntags im Sommer der Flohmarkt statt.

Besonders beliebt unter Studenten sind die Bars in der Altstadt zwischen Plaza Mayor und Kathedrale.

Kirchen bei Oviedo

In den Bergen Asturiens sammelte sich das christliche Spanien zur Reconquista. Nachdem der innerspanische Kreuzzug gegen die Mauren erfolgreich verlaufen war, entwickelte sich im 8. Jh. eine Bauperiode, die einzigartige frühmittelalterliche Sakralbauten hervorbrachte. Wer dafür ein Faible hat, kommt in der Umgebung von Oviedo auf seine Kosten, da man gleich fünf interessante Kirchen miteinander vergleichen kann.

Ein Kilometer nordöstlich von Oviedos Kathedrale an der Ausfallstraße nach Gijon trifft man auf ***San Julián de los Prados.*** Die von Alfonso II el Casto gegründete Kirche, auch »Santullano« genannt, entstand ab 812 in 30-jähriger Bauzeit. In dem rechteckigen Kirchenbau sind vor allem die Wandmalereien wertvoll (Di–So 11–13, 16.30–18 Uhr).

Zwei der eindrucksvollsten frühromanischen Bauwerke Spaniens stehen nur 300 m voneinander entfernt auf dem Berg Naranco, 2 km nordwestlich von Oviedo; sie sind vom Zentrum aus auch mit dem Bus erreichbar. ****Santa María de Naranco*** war ursprünglich als Profanbau gedacht und vor 848 in diesem Sinne fertig gestellt worden: mit Küche und Bädern im Erdgeschoss und Empfangssaal im Obergeschoss. Wohl in der zweiten Hälfte des 9. Jhs. wurde das zu einem Palast der asturischen Könige gehörende Gebäude in ein Gotteshaus umgewandelt. Der zweistöckige lang gestreckt rechteckige Bau mit offenen Vorräumen an den Stirnseiten und einer doppelläufigen Freitreppe an der Nordseite ist seit dem Jahr 1881 Nationaldenkmal. Der

Tour 3 Apfelwein und einsame Buchten

mit einer Gurttonne eingewölbte Hauptraum im Obergeschoss beeindruckt durch seine harmonische architektonische Gliederung.

Etwa 300 m oberhalb liegt ****San Miguel de Lillo.** Die ehemalige Palastkapelle ist nur noch zu einem Drittel erhalten. Der dreischiffige hohe Bau aus der Zeit um 848 wurde stilgerecht wieder aufgebaut, nachdem er im 13. Jh. eingestürzt war. Hier, wie bei Santa María de Naranco, sind die Säulen beachtenswert, daneben die Skulpturen, Fresken und Flachreliefs. Die schönen Steinmetzarbeiten der Fenster schützen inzwischen vorgeschraubte Glasscheiben. (Beide Kirchen: Mo–Sa 9.30–13, 15–19 Uhr, So 9.30–13 Uhr.)

Sechs Kilometer südöstlich an der N 635 liegt die Kirche **Santa María de Bendones**, die während der Regierungszeit von Alfonso II el Casto (791 bis 842) entstand. Wie in der Kirche San Salvador de Valdedíos (s. S. 76) sind auch hier Reste von Wandmalereien erhalten.

13 Kilometer westlich an der N 634 trifft man auf die kleine **Iglesia de Nora** aus der gleichen Epoche, die wunderschön am Río Nora liegt. Das dreischiffige Langhaus mit einem kurzen, hohen Querhaus ähnelt der Kirche San Julián de los Prados (beide tgl. 11–13, 16.30–18 Uhr).

*Costa Verde

Die Costa Verde macht gleich hinter der Industrieregion um Gijón und Avilés mit zahlreichen Sandbuchten und Dörfern ihrem Namen (»grüne Küste«) alle Ehre. Als ersten – im wahrsten Sinne des Wortes malerischen – Fischerort trifft man auf ***Cudillero** ㉝. Die farbenfrohen Häuser sind kunterbunt an einen steilen

An der Costa Verde finden alle Sonnenanbeter noch ein Plätzchen

Hang gebaut. Im Ort mit seinen teuren, aber guten Fischrestaurants hat man einen eigenen Tanz *(perlindango)* und einen eigenen Dialekt entwickelt. Auf *pixueto* heißt Cudillero *Cuideiru*. Der nächste Strand, **Playa de Aguilar**, liegt drei Kilometer östlich.

*Luarca ㉞ (21 000 Einw.), Hauptort der waldreichen Landschaft Valdés, gilt vielen Spaniern als schönster Küstenort Asturiens überhaupt. Herrlich in der Schlucht des Río Negro gelegen, brachte es Luarca vor allem durch das Geld der zurückgekehrten Emigranten aus Lateinamerika zu Reichtum. Neben dem Leuchtturm der einstigen Piratennestes liegen Kirche und Friedhof oberhalb der Bucht wie auf der Lauer. Das Wappen des Hafenstädtchens erinnert an seine Vergangenheit als Walfängerstation.

Oficina de turismo,
Plaza de Alfonso X el Sabio s/n,
Tel. 985 64 00 83.

Báltico, Paseo del Muelle,
Tel. 985 64 09 91. Nettes Hotel mit Blick auf den Hafen. ○○
■ **Zabala**, N 634 (La Almuña),
Tel. 985 64 02 08. Einfaches Hotel, 3 km vom Zentrum entfernt. ○○

Villa Blanca, Avenida de Galicia 25–27, Tel. 985 64 10 79. Spezialitäten sind Seeteufel in Krabbensoße, Bohneneintopf *(fabada)* und Milchreis *(arroz con leche)*. Preiswertes Menü. ○

■ **Mesón de la Mar,** Paseo del Muelle 32, Tel. 985 64 09 94. Geräumige Halle am Hafen mit Meeresspezialitäten. ○

*Castro de Coaña bei Navia gehörte zu den wichtigsten Siedlungen der Kelten in Nordspanien. Die fast 100 Grundmauern kreis- und elipsenförmiger Häuser aus dem 1. Jh. liegen auf einem Hügel und sind noch sehr gut erhalten. (Di–So 11–13, 16–18 Uhr).

Taramundi ⑮

Über die netten Orte Figueras und Castropol erreicht man die westliche Grenze Asturiens. Bei Vegadeo lohnt sich der 20 km lange Abstecher nach Taramundi.

Der 1000-Seelen-Ort in traumhaft ruhiger Lage ist berühmt für schöne Wanderwege. Hier kann man wunderbar Urlaub auf dem Land machen. In den Schmiedewerkstätten werden verschiedene Küchen- und Feldarbeitsgeräte hergestellt. Daneben bieten Töpfer und Weber ihre Produkte an. Ungefähr 4 km außerhalb der Ortschaft liegt das Mühlengehöft Teixois, das für Besucher zugänglich ist.

 La Rectoral, Cuesta de la Rectoral s/n, Tel. 985 64 67 67, Fax 985 64 67 77, E-Mail: larectoral@ infonegocio.com. Herrliches, umgebautes Pfarrhaus aus dem 18. Jh. ○○

 Miel Taramundi, Los Castros s/n. Vom Brot bis zum Schnaps geht es um Honig.

Tour 4

Von den Rías Altas ans Ende der Welt

Ribadeo → **Mondoñedo → **Betanzos → *A Coruña → **Costa da Morte → *Fisterra (ca. 230 km)

Rau und abwechslungsreich präsentieren sich die Rías Altas, die von Ribadeo bis A Coruña reichen. Die Wassertemperaturen sind niedriger als an den Rías Baixas, dafür findet man wunderschöne, tief eingeschnittene Buchten, die oft menschenleer sind. Zu den Höhepunkten der Fahrt entlang Galiciens Nordküste gehören die Playa de los Catedrales bei Ribadeo und die gläserne Stadt A Coruña. Spektakulär ist der immer steiler werdende Weg entlang der Todesküste bis zum »Ende der Welt« (Fisterra). Wer Meeresfrüchte mag, ist in den Tavernen der kleinen Fischerorte an der richtigen Adresse. Nirgends sonst bekommt man percebes (Entenmuscheln) so frisch und günstig!

Ribadeo ⑯

Der Grenzort (9400 Einw.) zu Asturien liegt an einer geradezu futuristischen Brücke. Etwas für das Auge sind der aus Eisen und Glas konstruierte Jugendstilturm **Torre de los Morenos** und das klassizistische **Rathaus** an der Plaza de España im Zentrum der Stadt. Auch ein Spaziergang zu den Cafés am kleinen Hafen lohnt sich.

Der Hausstrand Ribadeos ist zu klein, um mit den Stränden wenige Kilometer westlich konkurrieren zu können. Besonders der herrliche Sand-

Tour 4 Von den Rías Altas ans Ende der Welt

An der Playa de los Catedrales

Galicisches Idyll

strand ***Playa de los Catedrales** (»Kathedralenstrand« bei Ribadeo verführt zu einer Badepause.

 Oficina de turismo, Plaza de España s/n, Tel. 982 11 06 89.

 Parador de Ribadeo, Amador Fernández s/n, Tel. 982 12 88 25, Fax 982 12 83 46; www.parador.es. Modernes, sehr komfortables Haus. ❍❍❍

 O Xardín, Reinante 20, Tel. 982 11 02 22. Edles Restaurant. ❍❍❍

**Mondoñedo

Die alte Bischofsstadt (7000 Einw.) ist ein mittelalterliches Schmuckstück mit weiß getünchten, wappengeschmückten Häusern. Kunsthistorisch von Rang ist die **Kathedrale Santa María de la Asunción** an der Plaza de España. Portal und Kirchenschiff stammen noch aus dem 13. Jh., die gotische Rosette wurde nach einem Großbrand im Jahre 1425 in den Bau integriert, die barocken Türme kamen im 18. Jh. dazu. Gut erhalten sind die gotischen Wandmalereien im Inneren.

Die Kirche beherbergt seit 1969 das größte galicische ****Museum für sa**krale Kunst. Der Initiator, Pfarrer Santos San Cristobál Sebastián, hat die Besucher bis vor kurzem auch selbst geführt. Heute zeigen Mitarbeiter sein kurioses Sammelsurium aus bischöflichen Schuhen, alten Schatztruhen, Schwarzwalduhr, gregorianischen Noten und chinesischen Tischchen. Seine selbst gemalten Mondoñedo-Bilder hat der Pfarrer gleich mit in das Museum gehängt. Bei dem Museumsrundgang hat man Einblick in den Kreuzgang und ein Bischofsgemach (Öffnungszeiten: nach Absprache).

Rúa Lence Santar 1, Tel. 982 52 11 02.

Magische Keramik

Auf dem Weg nach Viveiro liegt bei Cervo der winzige Ort **Sargadelos,** der hauptsächlich aus de *Real Fábrica de Cerámica* besteht. Hier gehen neben buntem Geschirr geheimnisvolle Keramikamulette (Tierköpfe und Handzeichen) über den Ladentisch. Um den Hals getragen schützen die Verkaufsschlager angeblich gegen den bösen Blick, herabstürzende Balken und Liebesentzug.

Mirador de Mondoñedo, N 634 s/n, Tel. 982 52 14 00, Fax 982 50 74 72; www.welcometospain.net/alojamiento/hotelmirador/primera.html. Herrliche Aussicht, mit allem Komfort ausgestattet, inklusive Schwimmbad im Garten. ❍❍

 Montero 1, Avda. Eladio Lorenzo 7, Tel. 982 52 17 51, gute Küche. ❍❍

 O Rei das Tartas, Bispo Sarmiento 2 oder La Alianza, José Antonio 28. Berühmte Leckerei: *tarta de Mondoñedo,* ein mit kandierten Früchten verzierter Mandelkuchen.

Viveiro ⓸

Sehenswert an Viveiro (15 000 Einw.) ist das Renaissanceportal der romanischen Kirche Santa María del Campo (12. Jh.), von der aus in der Karwoche eine der größten Prozessionen in der Küstenregion beginnt. Im Stadtzentrum gibt es auffallend viele verfallene Häuser. Schöne verglaste Häuserfassaden können Sie bei einem Bummel entlang der Hafenpromenade sehen.

 In dem Stadttor Puerta de Carlos V, Tel. 982 56 04 86.

 Serra, Antonio Bas 2, Tel. 982 56 03 74. Einfache Unterkunft mitten im Zentrum; außen eine nervige Leuchtreklame, innen gemütliche Atmosphäre. ❍

 Nito, Playa de Area, Tel. 982 56 09 87, Gourmettempel, neben Steinbutt und Entenmuscheln (percebes) exzellentes Fleisch aus der Region. ❍❍❍

 Am Wochenende ist Viviero die Hochburg des Nachtlebens weit und breit.

Ein Kran als Kochlöffel

Alljährlich um den 15. August wird bei der **Festa do Cocido** auf der Plaza de Constitución in Cee Eintopf, das Leibgericht der Galicier, in kaum vorstellbaren Mengen zubereitet: In einem riesigen Metallbehälter mit 8000 Litern Wasser (das rund 12 Std. braucht, bis es kocht) garen 700 kg Fleisch, 600 kg Kartoffeln, 700 kg Wurst, 75 kg weiße Bohnen und 50 ganze Hühner. Kräftige Männer fungieren als Köche, die einige Zutaten allerdings nur mit einem Kran *(grúa)* in den Kochtopf hieven können. Und da die Galicier praktisch veranlagt sind, nutzen sie die grúa auch gleich zum Umrühren.

Rund um das Cap Ortegal ⓷⓽

Wenn man die C 642 in Richtung Betanzos fährt, geht es ab Ponte de Mera Richtung Cariño. Von hier aus erreicht man – allerdings nicht mit öffentlichen Verkehrsmitteln – die ***Serra da Capelada.** An der bis 620 m hohen Steilküste erlebt man eine karge Landschaft, in der plötzlich zwischen Pinien Wildpferde auftauchen können.

12 km von Cariño entfernt liegt an der Küste der Wallfahrtsort ***San Andrés de Teixido** ⓸⓪, wo am 8. September eine Romería zu Ehren des Heiligen stattfindet (S. 84).

Die Stadt **Ferrol** (87 700 Einw.) ist keine Schönheit, besitzt jedoch eine bedeutende Werftindustrie und ist ein Marinestützpunkt.

Tour 4 Von den Rías Altas ans Ende der Welt

Heiliger Andreas, hilf!

Fußgängern vorbehalten. Die Bewohner treffen sich abends auf den Terrassen vor der 800 m langen Brücke oder vergnügen sich in der »Weinzone« der Gassen Real, Dos Freires und Virtudes.

Oficina de Turismo,
Im Andrade-Turm. Touristische Auskünfte.

Eumesa, Avda. de La Coruña s/n, Tel. 981 43 09 25, Fax 981 43 10 25. Preiswert. ○○

Brasilia, Avda. de la Coruña, Tel. 981 43 04 49. Traditionelle galicische Küche. ○○

Pontedeume ㊶

Das hübsche Städtchen (9000 Einw.) ist nach einer mittelalterlichen Brücke über den Río Eume benannt und war Sitz des Adelsgeschlechts der Andrade, die im 13. Jh. den Verteidigungsturm bauen ließen. Der Stadtkern mit hübschen Arkadenhäusern ist den

Ausflüge von Pontedeume

Auf der LC 152, 12 km am Río Eume entlang, gelangt man von Pontedeume zum Kloster **Caaveiro** ㊷, das inmitten eines schönen Mischwaldes liegt; 1994 wurde er zum Naturpark deklariert. Vom Parkplatz führt ein Fußweg

---

Busticket für einen Toten

Von Mitte September bis Ende November strömen Pilger in einen der bekanntesten galicischen Wallfahrtsorte, San Andrés de Teixido. Wer dem Heiligen nicht als Lebender seine Aufwartung macht, muss es als Toter tun. So jedenfalls lautet die Order, die der hl. Andreas – der Legende nach – Jesus abgerungen hat, um sein Heiligtum etwas aus dem Schatten von Santiago de Compostela zu heben. Und so kommt es, dass mancher aus Mitleid einen Toten im Bus mitnimmt, der Zahl der Fahrgäste entsprechend zwei Tickets löst und den Platz neben sich frei hält. Andernfalls muss die arme Seele in Tiergestalt nach San Andrés krabbeln oder kriechen. Deshalb sollte man darauf achten, nicht auf Schnecken und Regenwürmer zu treten. Die Besucher können ein buntes Gebildbrot erstehen, Brotkrumen in den Brunnen von San Andrés werfen und sich dabei still und heimlich etwas wünschen. Die Brösel müssen allerdings schwimmen, sonst fallen die Wünsche ins Wasser.

Ribadeo → **Betanzos → *A Coruña → *Fisterra   Tour 4

(10 Min.) zu den efeuüberwucherten Klosterruinen (10. Jh.).

Ein etwas weiterer Ausflug 20 km von Pontedeume führt auf landschaftlich reizvoller Strecke zum **Monasterio de Monfero** ㊸. Das von Zisterziensern im 12. Jh. gegründete, romanische Kloster wurde vom Escorial-Architekten Juan de Herrera im 16. Jh. erneuert. In der weiten Anlage lebten bis zur Aufhebung des Klosters im Jahre 1834 Zisterziensermönche. Danach verfiel das Bauwerk zur Ruine.

**Betanzos ㊹

Im Stadtzentrum besitzt Betanzos (12 000 Einw.) geradezu ritterliche Klasse. Innerhalb der Stadtmauern spaziert und speist man unter Arkaden, mit Blick auf herrschaftliche Häuser und nicht zuletzt auf die Reste des Klosters **San Francisco**. In der Klosterkirche (1387) ist das Grab des Stifters, Graf Fernán Pérez de Andrade, zu sehen: ein *Sarkophag mit der Liegefigur des Grafen in Ritterrüstung, getragen von Bär und Eber, den Wappentieren des mächtigen Geschlechts der Andrade.

Ein anderer berühmter Sohn der Stadt war Juan García Naveira (1849 bis 1933). Um 1900 legte der steinreiche Weltenbummler außerhalb des Zentrums den verspielten *Parque de Pasatiempo an. In dem Park ließ Naveira durch antike Mythen, biblische Legenden, exotische Tiere und Zeppeline in Zement seine Mitmenschen an seiner Weltsicht teilhaben. Die Restaurierung des Parks verdient wahrlich keinen Architekturpreis.

Über die A 9 erreicht man A Coruña, Galiciens »gläserne Stadt« (s. S. 42).

Emilio Romay s/n,
Tel. 981 77 19 46.

Los Angeles, Los Angeles 11, Tel. 981 77 15 11, Fax 981 77 12 13. Zentral. ○○

La Casilla, Avenida de Madrid 90, Tel. 981 77 01 61. So Mittag und Mo geschl. Deftige Küche, z. B. Kutteln mit Kichererbsen, Seekrake oder Seehecht. ○○

Casanova, Plaza de García Hermanos 15, Tel. 981 77 06 03, Mo geschl. Klassische Hausmannskost. ○○

**Costa da Morte

Ganz auf Töpferware eingestellt ist der kleine Ort **Buño** nordwestlich von Carballo. Es lohnt sich, die *alfarerías* (Töpfereien) in den Seitengassen zu besuchen. Hier wird Geschirr produziert, wie es die galicischen Familien verwenden.

Seite 90

Einer der größeren Orte an der Costa da Morte ist **Malpica de Bergantiños** ㊺, ein nettes Städtchen (8500 Einw.), das deutlich vom Fischfang geprägt ist. Vom relativ großen Hafen aus fahren gelegentlich Boote zu den vorgelagerten Sisargas-Inseln, die als Vogelparadies gelten.

Der Küstenort **Camariñas** ㊻ (7000 Einw.) mit einem kleinen Hausstrand ist vor allem durch seine Spitzenklöpplerinnen berühmt geworden, die man noch heute bei der Arbeit beobachten kann. Fünf Kilometer nordwestlich liegt das *Cabo Vilán. Das Kap mit Leuchtturm bietet einen atemberaubenden Blick auf die sturmumtoste Küste.

Auf einer Landzunge etwas außerhalb von Muxía steht eines der berühmtesten Heiligtümer Galiciens: das **Santuario de Nosa Señora da Barca** (17. Jh.). Hier soll der Legende nach die Gottesmutter mit einem steinernen Schiff gelandet sein, um den Apostel Jakobus bei seiner Missionstätigkeit zu unterstützen. Nahe der Wallfahrtskirche liegt ein 60 kg schwerer Stein, *pedra da abalar,* in dem der Volksglaube das Segel des wunderlichen Schiffs sehen will.

Am »Ende der Welt«

Der wohl typischste Winkel in ***Fisterra** ⓳ ist die Plaza Ara Solis. Die Römer, so heißt es, hätten an dieser Stelle einen Sonnenaltar entdeckt. Der Ort ist trotz seines Bekanntheitsgrads recht schmuck und klein geblieben. Besucher haben die Wahl unter vielen, nicht ganz billigen Tavernen und Restaurants. Ein Spaziergang entlang dem Fischerhafen zur romanischen Iglesia Santa María das Areas lohnt sich. Die Kirche war im Mittelalter das letzte Gotteshaus am Jakobsweg.

 Finisterre, Federico Avila 8, Tel. 981 74 00 00, Fax 981 74 00 54; www.finisterrae.com/hotfinis/gindex.htm. Mittelklassehotel mit einigem Komfort. ⓞⓞ

▌**Casa Raúl,** Lires, Tel./Fax 981 74 81 56. Nettes Landhaus zwischen Fisterra und Muxia, auch Appartements. ⓞⓞ

 Don Percebe, Carretera del Faro s/n, Tel. 981 74 05 12. Neben Entenmuscheln *(percebes)* gibt es auch gute Schwertmuscheln *(navajas).* ⓞⓞⓞ

Wenige Kilometer trennen das Dorf Fisterra vom westlichsten Zipfel Spaniens, der im Mittelalter als äußerster Rand der Erdscheibe galt. So suchten Millionen von Santiago-Pilgern am Schluss ihrer Pilgerreise noch die Kirche Santa María de Finibus Terrae am »Ende der Welt« (kastilisch: Finisterre) auf. Von dem steilen Granitfelsen ***Cabo Fisterra** ⓴, den ein Leuchtturm krönt, genießen Schwindelfreie einen herrlichen Blick den weiten Atlantik.

Zum Abschluss der Tour empfiehlt sich ein Abstecher (15 km) zu dem kleinen, gepflegten Badeort **Corcubión** ㉑. Der schmucke denkmalgeschützte Stadtkern versteckt sich hinter Betonklötzen. Trubel herrscht in dem an sich ruhigen Städtchen nur am 16. Juli, wenn das Fest der hl. Carmen, der Schutzheiligen der Seeleute, gefeiert wird.

 El Hórreo, Santa Isabel s/n, Tel. 981 74 55 00, Fax 981 74 55 63; www.finisterrae.com/horreo. Schöner Bau, komfortabel. ⓞⓞ

▌**Las Hortensias,** Playa de Quenxe, Tel. 981 74 50 29. Am gleichnamigen Strand Richtung Fisterra. ⓞ

Camping: Ruta de Finisterre, zwischen Corcubión und Fisterra, Tel. 981 74 63 02. 50 m vom Strand entfernt.

Todbringende Küste

Die wilde, schöne **Costa da Morte** erstreckt sich von Malpica de Bergantiños bis nach Fisterra. Ihren Namen – »Küste des Todes« – erhielt sie durch die zahlreichen Schiffsunglücke an den rauen, steilen Felsen. Beim riskanten Einsammeln der Entenmuscheln (percebes) sterben heute noch viele Seeleute und Fischer. Auch auf das Baden sollte man wegen der unberechenbaren Strömungen an kleinen Sandbuchten zwischen Klippen verzichten.

Tour 5

Die Rías Baixas und das Hinterland

Carnota → *Muros → ***Santiago de Compostela → *Cambados → *Pontevedra → **Tui → *Ourense → Lugo (ca. 533 km)

Am siebten Tag, als Gott sich nach der Erschaffung der Welt erschöpft auf die Erde stützte, hinterließen die Finger seiner rechten Hand die galicischen Rías Baixas, so die Legende. Die tief eingeschnittenen Buchten zwischen der »Todesküste« und Portugals Grenze bilden oft windstille Badeparadiese und eignen sich hervorragend für die Muschelzucht. Diese Route bietet Superlative: die größten Maisspeicher, die besten Weißweine, die komfortabelsten Landhäuser, das spektakulärste Keltendorf und die mit Abstand schönste Stadt Nordspaniens: Santiago de Compostela. Entsprechend hoch sind im Sommer die Besucherzahlen. Deutlich ruhiger wird es, sobald man entlang dem Miño-Fluss in die entlegene Provinz Ourense reist.

Carnota ㊿

Das kleine Dorf nördlich von Muros lockt mit einem ungewöhnlichen Maisspeicher. Mit 35 m Länge und 22 Stelzenpaaren ist der 1768 entstandene *hórreo nahe der Dorfkirche einer der längsten Galiciens. Auf dem Weg nach Pontevedra kommt man an dem Fischerort *Combarro vorbei, der ebenfalls für seine teilweise am Meer aufgestellten Maisspeicher bekannt ist.

*Muros ㊿

Wegen der Arkaden, der wappengeschmückten Adelshäuser, der verwinkelten Gassen und der spätgotischen Kirche San Pedro steht Muros (3000 Einw.) seit 1970 unter Denkmalschutz. Dank schöner Strände ist es ein beliebter und trotzdem nicht überfüllter Urlaubsort. A propos schön: Die Frauen von Muros gelten als die schönsten Galiciens. »Miss Galicien« wurde zuletzt aber María Calaza aus Lugo.

La Muradana, Av. de la Marna 107, Tel. 981 82 68 85. Komfortable Zimmer. ○○
■ **Hostal Padres Franciscanos,** Louro, Tel. 981 82 61 46. Nördlich von Muros, ein ausgebauter Franziskanerkonvent in Strandnähe, Campingplatz. ○

*Noia ㊿

Ähnlich wie in Muros trifft man in Noia (6600 Einw.) auf zahlreiche stolze Adelshäuser. Beachtlich ist die spätgotische Wehrkirche *San Martiño, deren Portal – mit den zwölf Aposteln und den musizierenden Ältesten – den Pórtico de la Gloria in Santiago de Compostela nachahmt. Noch berühmter ist die Kirche **Santa María la Nueva** aus der ersten Hälfte des 14. Jhs. mit einem *Friedhof, dessen rund 500 rätselhafte Grabsteine aus dem Mittelalter anstelle von Namen Zunftzeichen und schematische Bilder tragen.

Tipp Wenn Sie vor der Weiterfahrt (C 543) nach Santiago de Compostela (s. S. 47) eine Pause am Meer

Tour 5 Die Rías Baixas und das Hinterland

einlegen möchten, gibt es in der Umgebung von Noia – vor allem in südlicher Richtung – viele Strände.

Padrón ⓧ

Der Legende nach ging in Padrón (4000 Einw.) der Apostel Jakobus an Land, um Spanien zu missionieren. Heute ist die Kleinstadt auch aus einem anderen Grund bekannt. Ein galicischer Refrain verrät, wofür Padrón steht: *Os pementos de Padrón, uns pican, outros non.* (»Pfefferschoten aus Padrón – einige nicht scharf, andere schon«). Anfang August feiert man zu Ehren der Schote ein Erntefest.

📖 Der kleine Ort Padrón war aber Geburts- bzw. Arbeitsstätte renommierter Literaten: 1916 wurde hier der spätere Literaturnobelpreisträger Camilo José Cela geboren, der in seinem packenden Roman **»Mazurka für zwei Tote«** die Bürgerkriegszeit in Galicien beschreibt. Hier lebte auch die galicische Dichterin Rosalía de Castro, die mit ihren **»Galicischen Gesängen«** und dem auf Kastilisch verfassten Werk **»An den Ufern der Sar«** bekannt wurde. In ihrem ehemaligen Wohnhaus ist heute ein Museum eingerichtet (Di–So 9.30–14, 16–19 Uhr).

🍴 **Chef Rivera,** Enlace Parque 7, Tel. 981 81 04 13. Neben frischen Pfefferschoten kann man Gaumenfreuden wie Wild mit Kastanienpudding genießen. ⚪⚪

*Cambados ⓧ

Was der Rotwein für die Rioja ist, ist der Weißwein für die Gegend um Cambados. Hier wird der Albariño gekeltert, der beste Weißwein Spaniens. Mönche aus Cluny hatten einst die Traube mitgebracht. Die Zahl stattlicher Adelshäuser *(pazos)* im hübschen Ortskern lässt vermuten, dass man vom Weinhandel nicht schlecht leben konnte. Da keine Strände in der Nähe sind, hält sich der Besucherandrang in Grenzen.

ℹ️ Novedades s/n, Tel. 986 52 07 86.

🏠 **Parador del Albariño,** Paseo Cervantes s/n, Tel. 986 54 22 50, Fax 986 54 20 68; www.parador.es. Noble Unterkunft mit Garten und Tennisplatz. ⚪⚪⚪

Die Wikinger kommen

Dänen sieht man in Galicien eigentlich eher selten. Doch Catoira, ein kleiner Ort zwischen Padrón und Vilagarcia, hat Frederikssund als Partnerstadt und deren Bewohner besonders am 1. Augustsonntag zu Besuch: Gemeinsam geben sie sich einer Orgie hin, die schlicht **Wikingerfest** heißt. Um die Burgruine Torres de Oeste tobt am Morgen eine Schlacht, bei der die Teilnehmer anrudernde Wikinger und ortsansässige Christen spielen, um sich anschließend mit rotem Landwein voll laufen zu lassen. Vor den schwer auswaschbaren Weinspritzern schützt den alljährlich anwesenden Regierungspräsidenten Galiciens eine Leibwache ...

Heidnische und christliche Symbolik – fica und Kreuz – vereint dieser galicische Maisspeicher

Tour 5 Die Rías Baixas und das Hinterland

▌ **Carisán,** Eduardo Rondal 3,
Tel. 986 52 01 08, Fax 986 54 24 70.
Schön gelegen, preiswert. ○○

María José, Plaza das Rodas 6,
Tel. 986 54 22 81. Ausgezeichnetes Kalbfleisch. ○○

Agro de Bazán, 36628 Tremoedo, Tel. 986 55 55 62,
Fax 986 55 57 99. 5 km nordöstlich von Cambados. Schmuckes Weingut, wo ein gehaltvoller Weißwein (Gran Bazán) gekeltert wird.

O Grove ⑤⑤

Der kleine Küstenort (6700 Einw.) ist berühmt für seine Meeresfrüchte und die umliegenden Strände, darunter die weite **Praia A Lanzada** im Süden. Die Kombination aus kulinarischen Genüssen, Badefreuden und guten Sprachenschulen hat sich besonders unter deutschen Studenten herumgesprochen. Auch das **Acquarium** mit 1500 Meerestieren ist sehenswert (10–20 Uhr).

Die vorgelagerte Insel **A Toxa** (La Toja), die mit dem Festland durch eine Brücke verbunden ist, besitzt ein Thermalbad, einen Park und eine mit Jakobsmuscheln geschmückte *Kapelle.

Cristol, Hospital 12,
Tel. 986 73 00 29, Mo geschl.
Einfache galicische Küche. ○○

Sanxenxo und Poio

Der Urlaubsort **Sanxenxo** ⑤⑥ (2000 Einw.) verfügt über zahlreiche Unterkünfte, Diskos und Restaurants. Von hier aus kann man mit der Fähre in ca. 30 Minuten zur *Illa de Ons mit ihren kleinen Sandstränden übersetzen.

Plan Touren 4 und 5

Tour 5   Die Rías Baixas und das Hinterland

Vier Kilometer vor Pontevedra taucht auf einer Anhöhe das **Benediktinerkloster von Poio** 57 auf, ein monumentales Bauwerk der Renaissance mit barocken Elementen. Samstags überraschen ungewohnte Klänge den Besucher, wenn die Barmherzigen Brüder ihr Dankgebet an die Muttergottes singen.

 465 Menschen können im Kloster (Tel. 986 77 00 00, Fax 986 77 02 02) preiswert übernachten und essen. Doppel- und Einzelzimmer; Jugendherbergsstil. ○

*Pontevedra 58

Die freundliche Provinzhauptstadt mit 70 000 Einwohnern steht wirtschaftlich im Schatten Vigos. Im Gegensatz zu der großen Hafenstadt besitzt Pontevedra im Stadtkern jedoch ein attraktives Ensemble aus schönen Monumenten, stillen Gassen und herausgeputzten Patrizierhäusern. Nördlich der *Ruinen von Santo Domingo an der Praza España (14. Jh.) liegt die Praza da Peregrina mit der kuriosen *Capilla de la Virgen Peregrina. Die barocke Kirche bildet im Grundriss eine Jakobsmuschel nach. Im Kircheninneren findet man eine Darstellung Mariens als Peregrina im Stil der Jakobspilger.

An der angrenzenden zentralen und weiten Praza da Herrería liegt in der Nachbarschaft vieler Cafés die **Iglesia de San Francisco** (Anfang 14. Jh.), an der eine hübsche Rosette auffällt. Das frühgotische Portal (1229) ist Relikt eines Vorgängerbaues.

Der wohl schönste Platz der Stadt ist aber die **Praza da Leña** mit einem barocken *cruceiro* (Wegkreuz). Hier befindet sich auch das auf mehrere Häuser verteilte **Museo Provincial**

Pferderodeo auf galicische Art

mit archäologischen Funden, Schiffsmodellen, flämischer, italienischer und spanischer Malerei (16./17. Jh.), Lithographien von Goya und bissigen Zeichnungen des Politikers Castelao sowie einer Sammlung Azabache, Ga-

Rapa das Bestas

In den Gebirgsregionen von Pontevedra und A Coruña werden ab Ende Mai bis Ende Juli Wildpferde die Berge hinuntergetrieben und eingepfercht. Um ihnen die Mähne und den Schwanz zu stutzen *(rapa das bestas)* und ihnen Brandzeichen auf den Leib zu brennen, müssen die Tiere in Pferche *(curros)* geführt und dort gebändigt werden – ein wahrlich schwieriges Unterfangen. Pferde, die teilweise noch nie in ihrem Leben einen Menschen gesehen haben, bäumen sich entsprechend gegen ihre Bändiger auf. War das Wochenendspektakel zunächst ein einfaches Dorffest, wird es inzwischen zunehmend kommerzialisiert. Die meisten Wildpferde werden nach der Rapa wieder in die Freiheit entlassen.

gatsteinen (Di–Sa 11–13.30, 17–20 Uhr, So/Fei 11–13 Uhr). Im Westen der Altstadt liegt die dreischiffige Säulenbasilika **Santa María la Mayor,** die im 15. Jh. von Seeleuten gestiftet wurde.

 Oficina de turismo, General Mola 1, Tel. 986 85 08 14.

Bahnhof: Alféreces Provisionales s/n; mehrmals tgl. nach Santiago.
Busbahnhof: Alféreces Provisionales s/n; u. a. nach Cangas, Santiago de Compostela.

 O Casal, Tenorio, Tel./Fax 986 76 41 41. 9 km von Pontevedra rechts oberhalb der N 541 Richtung Ourense. Eines der schönsten Landhäuser Galiciens, Schwimmbad, Tennisplatz. ○○○

■ **Casa del Barón,** Barón 19, Tel. 986 85 58 00, Fax 986 85 21 95. Parador aus dem 16. Jh. ○○○

■ **Madrid,** Andrés Mellado 5, Tel./Fax 986 86 51 80. Sauberes Hotel am Rande der Altstadt. ○○

 Alameda, Alameda 10, Tel. 986 85 74 12. So geschl. Unter den Einheimischen beliebtes Restaurant. Raffinierte Zubereitungen, gute Weinauswahl. ○○

Península de Morrazo

Von Pontevedra aus hat man die Möglichkeit, entweder auf der Autobahn nach Vigo weiterzufahren oder einen Umweg über die Península de Morrazo zu machen: der Fischerhafen **Cangas de Morrazo** ⓯ gilt seit Jahrhunderten als Hexenzentrum Galiciens: Türkische Piraten hatten 1619 den Fischerort überfallen und dabei gemordet und vergewaltigt. Als daraufhin einige Frauen den Verstand verloren, wurden sie von der Inquisition als Hexen verurteilt und auf dem Scheiterhaufen verbrannt, ihr Vermögen zog die Kirche ein. An die gute und böse Kraft von Hexen glaubt man zwar auch andernorts, aber nirgendwo sonst in Nordspanien gibt es so viele selbst ernannte Hexen wie hier. Vorsichtshalber engagieren Fischer die *meigas,* damit sie mit ihrem Zauber die Boote vor den Gefahren des Meeres schützen. Von Cangas setzen tgl. Fähren zu den Islas Cíes über (s. S. 94).

Gatañal, Vorort San Roque, Gatañal 20, Tel. 986 30 24 22. Asador-Pizzeria. ○○

Wenige Kilometer westlich von Cangas liegt **Hío** mit dem berühmtesten Wegkreuz Spaniens. Den *cruceiro gegenüber dem romanischen Portal der Kirche San Andrés schuf ein Steinmetz aus Pontevedra im 19. Jh. aus einem einzigen Granitblock.

Vigo ⓰

Vigo (300 000 Einw.) besitzt einen der größten Fischereihäfen der Welt sowie eine beachtliche Automobil- und Werftindustrie. Auch bei Urlaubern beliebt ist der Hausstrand Playa Samil. Von der Befestigungsanlage **Castillo de Castro** (17. Jh.) aus hat man einen weiten Blick über die größte Stadt Galiciens und die nach ihr benannte Ría (Bucht). Charmant ist das alte Fischerviertel Berbés mit der zentralen Calle Real, wo sich zahlreiche Bodegas und Restaurants niedergelassen haben. Am Anfang der Rúa Real liegt die klassizistische **Kathedrale Santa María.** An der Stelle gab es bereits zwei Vorgängerbauten, der gotische Neubau brannte jedoch Ende des 16. Jhs. nieder.

Tour 5 Die Rías Baixas und das Hinterland

Vigo besitzt den bedeutendsten Fischereihafen Spaniens

In Richtung Hafen gelangt man zum **Mercado A Pedra** (Markt), wo auch die Austerngasse Rúa da Pescadería liegt. Unter freiem Himmel werden hier Austern *(ostras)* im Dutzend angeboten.

Am südwestlichen Stadtrand liegt der Stadtpark **Parque Quiñones de León** mit dem Amphitheater und dem Palast Pazo de Castrelos, in dem ein **Provinzmuseum** mit zeitgenössischer galicischer Kunst untergebracht ist (Di–Sa 9 bis 20, So 10–14 Uhr). Richtung Baiona findet man viele schöne Strände.

As Avenidas s/n. Touristische Auskünfte.

Flughafen: Peinador, 7 km entfernt, Tel. 986 27 05 50. Inlandflüge.
Bahnhof: Praza da Estación s/n, Tel. 986 43 11 14; Santiago, Ourense.
Busbahnhof: Estación de Autobuses, Avda. de Madrid s/n,
Tel. 986 37 34 11; auch nach Portugal.
Schiffsverbindungen: Estación Marítima de la Ría, As Avenidas s/n, Tel. 986 43 77 77; u. a. zu den Cíes-Inseln (45 Min.) und nach Cangas.

Gran Hotel Samil, Avda. de Samil 15, Tel. 986 24 00 00, Fax 986 24 19 00,
E-Mail: hotelsamil@husa.es. Eines der besten Häuser der Stadt. ❍❍❍
El Aguila, Victoria 6,
Tel. 986 43 13 98. Sehr gepflegt, gut ausgestattet. ❍❍

La Oca, Purificación Saavedra 8, Tel. 986 37 12 55. Sa/So geschl. Hervorragende baskisch-galicische Küche. ❍❍❍
Fay-Bistes, Real 7, Tel. 98643 20 97. Galicische Hausmannskost. ❍

*Islas Cíes ⑤

Lediglich 45 Minuten dauert die Überfahrt von Vigo zu den Islas Cíes. Die Inseln innerhalb der Ría de Vigo sind ein 433 ha großes Naturschutzgebiet. Die südliche Isla de San Martiño ist zudem ein Vogelreservat und daher nicht zu besichtigen. Die Isla de Monteagudo bietet einige kleine Bars und schöne Spaziergänge, darunter einen Weg zum 173 m hohen Monte Faro mit einem Leuchtturm und Resten eines keltischen Castros. (Fähren im Sommer tgl. zwischen 9 und 19 Uhr.)

Baiona ⑫

Baiona erfuhr als erster Ort in ganz Europa von der Entdeckung Amerikas, da hier 1493 die Karavelle »La Pinta«, das erste der drei Schiffe von Christoph Kolumbus, einlief. Das historische Ereignis wird jeden 1. März gebührend gefeiert. Die einst bedeutende Hafenstadt hat sich aufgrund ihrer Lage und der relativ warmen Wassertemperaturen im Sommer zu einem beliebten Urlaubsort entwickelt, worauf die zahlreichen Restaurants und Hotels bereits hinweisen. (Spaziergang auf der Mauer: tgl. 10–22 Uhr).

Die riesige Keltensiedlung auf dem Monte de Santa Tecla

Paseo de Ribeira, s/n,
Tel. 986 68 70 67.

Schiffsverbindung: Ab Hafenmole mehrmals tgl. zu den Cíes-Inseln (s. S. 94).

Parador de Baiona, Castillo de Monte Real, Tel. 986 35 50 00, Fax 986 35 50 76; www.parador.es. Weitläufig, mit großem Park und Wehrmauer. ○○○
▪ **Villa Sol**, Palos de la Frontera 12, Tel. 986 35 56 91, Fax 986 35 67 02. Familiäre, stilvolle Unterkunft. ○○
Camping: Baiona Playa, Tel. 986 35 00 35.

El Candil, Rúa San Juan 46, Tel. 986 35 74 93. Auf Pilze und Fisch spezialisiert. ○○
▪ Zahlreiche Restaurants liegen auch in der Calle Ventura Misa.

A Guarda ⓖ

Jahrhundertelang war A Guarda (6400 Einw.) »Die Wächterin« über den Grenzfluss zu Portugal. Die südlichste Stadt Galiciens mit ihrem netten Fischereihafen gilt als »Hauptstadt der Langusten«. Berühmt ist die nahe ****Keltensiedlung** (Poblado Préhistórico) auf dem Berg Santa Tecla. Zu sehen sind die Grundmauern von über 1000 Häusern aus dem 6.–3. Jh. v. Chr.

Noch älter sind einige Petroglyphen, die neben den Resten keltischer, aber auch römischer Zeugnisse im **Archäologischen Museum** auf dem Gipfel des Monte de Santa Tecla ausgestellt sind (Di–Sa 11–14, 16–19 Uhr).

Im wenige Kilometer östlich gelegenen Ort **O Rosal** fließt in den Bodegas Ende Juli beim Weinfest stets der vino blanco O Rosal.

**Tui ⓖ

Die festungsartig gebaute ***Kathedrale** aus dem 12. Jh. macht bereits deutlich, dass die Bischofsstadt Tui (15 000 Einw.) während der Auseinandersetzungen zwischen Kastilien und Portugal einigen Belagerungen standhalten musste. Das einfache romanische Nordportal kontrastiert mit dem reichen Figurenschmuck der ***Westfassa-

Tour 5 Die Rías Baixas und das Hinterland

Der Miño – ein ruhiger Grenzfluss zwischen Galicien und Portugal

de, eines der besten Beispiele galicischer Gotik (14. Jh.). Von der malerischen Altstadt Tuis bietet sich stellenweise ein großartiger Blick auf die portugiesische Nachbarstadt Valença do Minho.

Oficina de turismo, Ponte Tripes s/n, Tel. 986 60 17 89.

Parador San Telmo, Avda. de Portugal, Tel. 986 60 03 09, Fax 986 60 21 63; www.parador.es. Tennisplatz, Swimmingpool. Aussicht auf Tui. ○○○

O Buxo, Currás, Tel./Fax 986 63 35 03. 5 km in Richtung A Guarda, preiswertes und schön gelegenes Landhaus. ○

Galicia, González Besada 8, Tel. 986 60 00 01. Meeresfrüchte, Forellen und Glasaale *(angulas)*.

*Ribadavia ⑥⑤

Auf dem Weg nach Ourense entlang dem Fluss Miño lohnt sich ein Halt in Ribadavia, einem mittelalterlich geprägten Ort mit einer denkmalgeschützten Altstadt. Bei der Puerta Nueva trifft man auf das ehemalige Judenviertel, in dem zahlreiche Juden, die primär im Weinhandel tätig waren, vom 12. Jh. bis zur brutalen Vertreibung aus dem Land im Jahre 1492 lebten. Noch heute lebt die kleine Stadt in erster Linie vom Wein Ribeiro und – so makaber es auch klingen mag – von der Sargproduktion.

*Ourense ⑥⑥

Bereits bei den Römern war Ourense (110 000 Einw.) für sein Thermalwasser bekannt. Das römische Aurium wurde Mitte des 5. Jhs. Residenz der Sueben. Nach der Zerstörung durch Mauren im Jahre 716 ließ Alfonso III Ourense wieder aufbauen. Im Mittelalter entwickelte sich die verkehrsgünstig gelegene Stadt zu einem wirtschaftlich prosperierenden Handelszentrum. Dies war primär Verdienst der hier ansässigen Juden. Mit ihrer – 1492 durch die Katholischen Könige angeordneten – Vertreibung nahm die Blütezeit ein jähes Ende.

Carnota → *Pontevedra → **Tui → *Ourense → Lugo   Tour 5

Herzstück der Stadt ist die Praza Mayor. Wenige Schritte davon entfernt erhebt sich die ***Kathedrale San Martiño.** Der Sakralbau entstand ab 1188 und enthält Stilformen von der Romanik bis zum Barock. Sein Pórtico del Paraíso (»Paradiestor«) ist eine detailgetreue Nachbildung des Pórtico de la Gloria in Santiago de Compostela. Im Innern sind das spätgotische Hochaltar, die barocke Capilla Santo Cristo sowie das Diözesanmuseum mit dem Kirchenschatz sehenswert (Di–So 11.30–13, 16.30–19.30 Uhr).

Über die Praza do Trigo erreicht man den ehemaligen Bischofspalast, in dem das **Museo Arqueolóxico Provincial** untergebracht ist. Zu sehen sind prähistorische, römische und mittelalterliche Funde aus der Provinz (Di–Sa 9.30–14.30, 16–21 Uhr, So 9.30 bis 14.30 Uhr).

Beachtlich ist auch der nahe dem Bahnhof gelegene ****Kreuzgang des Klosters San Francisco.** Das Besondere an dem gotischen claustro (14. Jh.) sind die 120 verschiedenen Kapitelle.

Westlich der Stadt liegen die heißen Schwefelquellen **Las Burgas,** die schon die Römer zu schätzen wussten, und der über den Río Miño führende **Ponte Vella,** eine 37 m hohe römische Brücke, die im Mittelalter und danach mehrmals erneuert wurde.

Oficina de Turismo, Curros Enríquez 1, Tel. 988 37 20 20.

Bahnhof: Carrero Blanco s/n; tgl. nach Santiago de Compostela, Vigo.
Busbahnhof: Ctra. de Vigo s/n; nach A Coruña, Santiago, Pontevedra etc.

Grand Hotel San Martín, Curros Enríquez 1, Tel. 988 37 18 11, Fax 988 37 21 38, www.gh-hoteles.com. Luxuriöse Zimmer in einem hässlichen Hochhaus mit Fernblick. ○○○

■ **Zarampallo,** Hermanos Villar 31, Tel. 988 22 00 53; www.zarampallo.com/hotel.htm. Angesichts des gebotenen Komforts preiswert. ○○
■ **Barcelona,** Avda. de Pontevedra 11, Tel. Fax 988 22 08 00. Ordentlich, Zimmer teils hinter Glasveranden. ○

 San Miguel, San Miguel 12–14, Tel. 988 22 12 45. Spitzenrestaurant. ○○○
■ **Casa de María Andrea,** Eirociño dos Cabaleiros 1, Tel. 988 22 70 45. Sehr geschmackvoll eingerichtet. Tipp: der Balkon im ersten Stock. ○○
■ **Antigo Bodegón,** Luna 15, Tel. 988 22 27 88. Leckere Tapas. ○

 Avantgardistische Modelle schneidert der Top-Mode-

Kinderstaat

6 km südlich von Ourense an der alten N 525 liegt ein Kinderstaat mit Grenzkontrolle, eigener Flagge, Währung und Radiostation. Sein Name: Bemposta. Dahinter verbirgt sich das in den 1970er-Jahren verwirklichte Projekt eines Jesuitenpaters, der Straßenkindern aus Ourense eine selbst organisierte Bleibe schaffen wollte. Frühe Eigenverantwortung, so das Idealbild, sollte aus den Kindern mutige, friedliche und engagierte Menschen machen. Heute leben Kinder und Jugendliche aus 15 Nationen in dem Staat. Sie werden für den Schulbesuch entlohnt, arbeiten in Küche und Bäckerei, auf dem Feld oder als Friseur. Mit ihrem bei Groß und Klein beliebten Zirkus gehen sie regelmäßig auf Tournee.

Seite 90

Tour 5 Die Rías Baixas und das Hinterland

macher **Adolfo Domínguez** längst für die ganze Welt. Sein Geschäft in Ourense liegt in der Calle Curros Enríquez/ Ecke La Habana.

Klöster bei Ourense

In Celanova, 28 km südlich von Ourense (N 540), liegt das *Monasterio San Salvador**. Von dem im 10. Jh. gegründeten Benediktinerkloster ist nur noch die mozarabische **Kapelle San Miguel** aus dem Jahre 937 erhalten. Kloster und Klosterkirche wurden im Laufe des 16. und 17. Jhs. neu erbaut, sodass die Anlage heute ein weitgehend barockes Äußeres besitzt.

Nach weiteren 20 km erreicht man die Kirche **Santa Comba de Bande** ⑦ am Stausee Embalse das Cunchas. Die im 7. Jh. gegründete westgotische Kirche wurde nach der Zerstörung durch die Mauren im 9. Jh. erneuert. Der Grundriss des griechischen Kreuzes blieb bestehen. Im Innern tragen zwei Säulenpaare mit korinthischen Kapitellen die Hufeisenbögen.

25 km nordöstlich von Ourense liegt das romanisch-gotische **Monasterio de Ribas de Sil** ⑧ mit wunderbaren Kreuzgängen in grandioser Landschaft über der Schlucht des Río Sil.

30 km nördlich wiederum befindet sich das **Monasterio Santa María la Real de Oseira** ⑨, das im 12. Jh. von Zisterziensern gegründet wurde. Ein Großbrand verschonte nur die Kirche, die Klostergebäude wurden im 16. Jh. wieder aufgebaut. So gewaltig, dass die Anlage den Spitznamen »Escorial Galiciens« bekam (Mo-Sa 9.30–12, 15.15–17.45 Uhr. So, Fei Eintritt je um 12.12, 15.15, 17.45 Uhr).

Auf dem Weg nach Lugo

Auf dem 93 km langen Weg von Ourense bis Lugo bieten sich drei interessante Abstecher an: Kurz nach Narón führt ein lohnenswerter 12,5 km langer Weg zum östlich der N 540 auf dem Jakobsweg gelegenen **Portomarín** ⑩. Das alte Pilgerdorf am Stausee Belesar versank in den 1960er-Jahren in den Fluten und wurde weiter oberhalb teilweise wieder aufgebaut, auch die wehrhafte Kirche San Nicolás aus dem 13. Jh.

Nach wenigen Kilometern weiter auf der N 540 Richtung Lugo bietet es sich kurz hinter Lousadela an, zu dem winzigen Dorf **Vilar de Donas** zu fahren, das 12 km westlich der N 540 am Jakobsweg liegt. 1184 ließen sich die Ritter des Santiago-Ordens hier nieder. Deshalb befinden sich in der *Kirche San Salvador mit romanischem Portal Gräber einiger Ordensritter. Die Fresken mit biblischen Themen schufen Nonnen (donas) im 15. Jh.

Folgt man 5 km vor Lugo dem Wegweiser nach Friol, erreicht man nach weiteren 10 km eine kleine Pfarrkirche namens **Santa Eulalia de Bóveda** ⑫ (ausgeschildert), in der 1926 eine Krypta entdeckt wurde, die wohl auf die Römerzeit zurückgeht. Die Wände sind mit farbigen, gut erhaltenen geometrischen Ornamenten, Vögeln und Girlanden bemalt, die bisher nicht genau datiert werden konnten. Manche Archäologen vermuten hinter dem geheimnisvollen Bau ein ursprünglich heidnisches Quellheiligtum. (Mo–Sa 11–14, 15.30–19 Uhr, So 11–14 Uhr; im Winter nachmittags bis 17 Uhr).

Lugo ⑫

Die verträumte, 465 m hoch gelegene Provinzhauptstadt Lugo (70 000 Einw.) blickt auf eine lange Geschichte zurück. Die Kelten nannten sie *Lug* (»Heiliger Wald«) und die Römer machten sie zu einem strategisch wichtigen Stützpunkt. Damals entstand die bis heute vollständig erhaltene, über zwei Kilometer lange ****römische Stadtmauer**, welche die gesamte Altstadt umschließt. Auf einem herrlichen Rundgang kann man sie aus nächster Nähe begutachten. Die Mauer ist acht bis zwölf Meter hoch, vier bis sieben Meter dick und besitzt 50 halbrunde Türme.

Eines der zehn Stadttore ist das Jakobstor, hinter dem sich die romanische ***Kathedrale Santa María** erhebt. Ihre Baugeschichte reicht vom 12. bis Ende des 18. Jhs., als die Kirche ihre strenge klassizistische Fassade bekam. Der Figurenschmuck zeigt neben den Evangelisten auch einen Bischof namens Froilán, den ein Wolf begleitet. Der Legende nach fraß das Tier den Esel des Bischofs und musste von da an die Last selber tragen. Das Giebelfeld des romanischen Nordportals zeigt Christus in der Mandorla. In der ***Capilla de Nuestra Señora de los Ojos** verehren die Gläubigen Lugos Schutzpatronin, die »Heilige mit den großen Augen«. Die wuchtige Kapelle entstand 1726 als Werk von Fernando Casas y Novoa, der die Westfassade der Kathedrale von Santiago de Compostela gestaltete. Beachtlich ist der barocke Kreuzgang der Kathedrale.

Entlang des Bischofspalastes erreicht man die Altstadtgassen mit ihren Tavernen und Restaurants. Nordwestlich liegt das ***Provinzmuseum**, das teilweise im Konvent San Francisco (15. Jh.) eingerichtet ist. Dazu gehört der Kreuzgang, die Küche und der Speisesaal. Das Museum zeigt archäologische Funde und moderne galicische Kunst, z. B. Gemälde von Arturo Souto (1901–1964) (Di–Fr 10.30–14, 16.30–20.30 Uhr, Sa 10.30–14 Uhr, So 11.30–14 Uhr).

ℹ️ Praza da España 27–29, Tel. 982 23 13 61.

Busbahnhof: Praza da Constitución s/n, Tel. 982 22 39 85; nach Ferrol, A Coruña, Ourense u. a.
Bahnhof: Praza do Conde Fontao s/n, Tel. 982 22 21 41; tgl. nach A Coruña, León und Madrid.

🏠 **Pazo de Vilabade,** Castroverde, 22 km auf der C 630 Richtung Fonsagrada, Tel. 982 31 30 00, Fax 982 31 20 63. Galicisches Landhauses. ○○○
▮ **Méndez Núñez,** Reina 1, Tel. 982 23 07 11, Fax 982 22 97 38. Hier verfassten galicische Nationalisten 1918 ihre Manifeste. ○○
▮ **Mar de Plata,** Ronda Muralla 5, Tel. 982 22 89 10. Zentrale Lage, mit Parkmöglichkeit. ○

🍴 **La Barra,** San Marcos 27, Tel. 982 25 29 20, So geschl. Traditionelle Gerichte. ○○
▮ **La Coruñesa,** Dr. Castro 16, Tel. 982 22 10 87. Exzellente Jakobsmuschelpastete. ○○

Infos von A–Z

Ärztliche Versorgung
Mitglieder einer gesetzlichen Krankenkasse sollten sich vor Reiseantritt die Anspruchsbescheinigung E 111 bei ihrer Krankenkasse besorgen. Bei Vorlage des Auslandskrankenscheins ist die ärztliche Versorgung in Krankenhäusern und vielen Praxen kostenlos.

Freie Arztwahl sowie die Rückholung im Notfall garantiert allerdings nur der Abschluss einer privaten Auslandskrankenversicherung.

Diplomatische Vertretungen
(B: Botschaft, GK: Generalkonsulat, HK: Honorarkonsulat)
- **Deutschland:** (B) Calle Fortuny 8, Madrid, Tel. 913 19 91 00; (GK) San Vicente 8, Bilbo/Bilbao, Tel. 944 23 85 85; (HK) Fuenterrabia 15, Donostia/San Sebastián, Tel. 943 42 10 10; (HK) Polígono Ind. Mora Garay C/W 9, Gijón, Tel. 998 5 35 69 41; (HK) Avda. de Bilbao 39, Santander (Muriedas), Tel. 942 25 05 43; (HK) Avda. García Barbón 1, Vigo, Tel. 986 43 78 79.
- **Österreich:** (B) Paseo de la Castellana 91, Madrid, Tel. 915 56 53 15. (HK) Calle Club 8, Las Arenas-Getxo bei Bilbo/Bilbao, Tel. 944 64 07 63.
- **Schweiz:** (B) Calle Núñez de Balboa 35, Madrid, Tel. 914 31 34 00. (HK) Prim 14, Donostia/San Sebastián, Tel. 943 45 59 98.

Einreise
Bei EU-Bürgern entfällt zwar die Passkontrolle; trotzdem gehören Ausweis oder Pass ins Reisegepäck. Kinder bis 16 Jahre, die keinen Kinderausweis besitzen, müssen im Pass der Eltern eingetragen sein. Schweizer benötigen bei der Ein- und Ausreise einen gültigen Reisepass.

Elektrizität
Standard sind 220 Volt Wechselstrom. Wer dem Charme alter, kleiner Unterkünfte verfällt, muss mit 110 Volt rechnen. Adapter gibt es beim Fachhändler.

Feiertage
1. Januar (Neujahrstag), 6. Januar (Hl. Drei Könige), 19. März (Josephstag), 1. Mai (Tag der Arbeit), 29. Juni (Peter und Paul), 25. Juli (Jakobstag), 15. August (Mariä Himmelfahrt), 12. Oktober (Kolumbustag), 1. November (Allerheiligen), 6. Dezember (Tag der Verfassung), 8. Dezember (Mariä Empfängnis), 25./26. Dezember (Weihnachten).

Dazu kommen bewegliche Feiertage wie Gründonnerstag, Karfreitag, Ostermontag und Fronleichnam sowie zahlreiche lokale und regionale Feste.

Geld
Ab 1.1.2002 ist in Spanien der Euro (€) Zahlungsmittel. Zum Schweizer Franken schwankt der Kurs weiterhin: 1 € = 1,47 CHF (Dezember 2001). Hotelrechnungen können fast immer mit Kreditkarte oder Scheck beglichen werden, Bargeld benötigt man bei kleineren Restaurants und Herbergen. An Bankautomaten kann man mit EC-Karte und Geheimzahl in allen größeren Orten Geld abheben. Gängige Kreditkarten (Eurocard, MasterCard, AmEx) werden weithin angenommen.

Information
Auskünfte und Broschüren erhält man bei den Spanischen Fremdenverkehrsämtern:
- **Deutschland:** 10707 Berlin, Kurfürstendamm 180, Tel. 0 30/ 8 82 65 43, Fax 8 82 66 61; 40237 Düsseldorf, Grafenberger Allée 100, Tel. 02 11/6 80 39 80, Fax 6 80 39 85;

60323 Frankfurt/M., Myliusstr. 14, Tel. 0 69/72 50 33, Fax 72 53 13; 80336 München, Postfach 15 19 40, Tel. 0 89/5 38 90 75, Fax 5 32 86 80.
▌ **Österreich:** 1010 Wien, Walfischgasse 8, Tel. 01/5 12 95 80, Fax 5 12 95 81.
▌ **Schweiz:** 8008 Zürich, Seefeldstr. 19, Tel. 01/2 52 79 30, Fax 2 52 62 04.
Zentrale Rufnummer zur Bestellung von Prospektmaterial: 0 61 23/991 34.

Notruf

Polizei *(policía)*, Feuerwehr *(bomberos)* und Notarzt *(ambulancia)*: Tel. 0 91.

Öffnungszeiten

▌ Die meisten **Geschäfte** öffnen 9.30 bis 13.30 Uhr und 16.30/17–20 Uhr, in Ferienorten im Sommer oft auch bis 22 Uhr; in den großen Einkaufszentren wird durchgehend verkauft.
▌ **Banken** sind werktags zwischen 9 und 13.30 Uhr offen.
▌ **Postämter** in kleineren Ortschaften haben meist 9–13 Uhr geöffnet, in größeren Mo–Fr 9–14 und 16–18 Uhr, Sa nur vormittags.
▌ **Museen:** in der Regel 10–13 und 16–19 Uhr; Montag ist meist Ruhetag.

Post

Briefmarken *(sellos)* erhält man bei allen Postämtern *(correos)* oder in Tabakläden *(estancos)*, meist auch an der Hotelrezeption. Postkarten und Standardbriefe bis 20 g innerhalb Europas kosten 50 Cents.

Souvenirs

Jede der nordspanischen Regionen hat ihre eigenen typischen Souvenirs. **Baskenland:** Pelotaschläger und lederne Flaschen; **Navarra/La Rioja:** Spargel und Rotwein; **Kantabrien:** Holzfiguren und Hirtenflöten aus Geierknochen; **Asturien:** Flechtarbeiten, Töpferwaren und Holzschuhe *(madreñas)*; **Galicien:** Gagatstein *(azabache)*, Keramikamulette aus Sargadelos, Weißwein *(Albariño, Ribeiro)* und Tresterschnaps *(orujo)*.

Telefon

Ferngespräche sind von allen öffentlichen Telefonapparaten möglich, wahlweise mit Münzen oder mit einer Telefonkarte *(tarjeta telefónica)*, die in Tabakläden erhältlich ist. Wochentags kann man von 22 bis 8 Uhr und sonntags ganztägig verbilligt telefonieren.

Anrufe von Spanien aus: Man wählt zunächst die Auslandsvorwahl 00, nach dem Signalton dann die Landesvorwahl (Deutschland: 49, Österreich: 43, Schweiz: 41), die Ortsvorwahl (ohne Null) und anschließend die Nummer des Teilnehmers.

Anrufe nach Spanien: 00 34, dann die Teilnehmernummer.

Trinkgeld

Trinkgeld *(propina)* ist für zufriedenstellende Serviceleistungen selbstverständlich. Kellner erhalten 5–10 % des Rechnungsbetrages, Gepäckträger erwarten 0,60 € pro Koffer, Zimmermädchen 3–6 € pro Woche. Auch in Bars und Cafés lässt man stets ein paar Münzen liegen.

Zoll

Seit dem Schengener Abkommen gibt es für Touristen aus EU-Staaten keine Ein- und Ausfuhrbeschränkungen mehr. Richtmengen für den Privatverbrauch: 800 Zigaretten, 200 Zigarren, 10 l Spirituosen, 90 l Wein.

Freimengen für Staatsbürger der Schweiz: 2 l Wein, 1 l Spirituosen mit mehr oder 2 l mit weniger als 15° Alkoholgehalt, 200 Zigaretten oder 100 Zigarillos oder 50 Zigarren. Souvenirs sind bis zum Wert von 175 € bzw. 200 CHF pro Person zollfrei.

Langenscheidt Mini-Dolmetscher Spanisch

Allgemeines

Guten Tag.	Buenos días. [buenos dias]
Hallo!	¡Hola! [ola]
Wie geht's?	¿Qué tal? [ke tal]
Danke, gut.	Bien, gracias. [bjen graθjas]
Ich heiße ...	Me llamo ... [me ljamo]
Auf Wiedersehen.	Adiós. [adjos]
Morgen	mañana [manjana]
Nachmittag	tarde [tarde]
Abend	tarde [tarde]
Nacht	noche [notsche]
morgen	mañana [manjana]
heute	hoy [oi]
gestern	ayer [ajer]
Sprechen Sie Deutsch / Englisch?	¿Habla usted alemán / inglés? [abla usted aleman / ingles]
Wie bitte?	¿Cómo? [komo]
Ich verstehe nicht.	No he entendido. [no e entendido]
Wiederholen Sie bitte.	Por favor, repítalo. [por fawor repitalo]
..., bitte.	..., por favor. [por fawor]
danke	gracias [graθjas]
Keine Ursache.	De nada. [de nada]
was / wer / welcher	qué / quién / cuál [ke / kjen / kual]
wo / wohin	dónde / adónde [donde / adonde]
wie / wie viel / wann / wie lange	cómo / cuánto / cuándo / cuánto tiempo [komo / kuanto / kuando / kuanto tjempo]
Warum?	¿por qué? [por ke]
Wie heißt das?	¿Cómo se llama esto? [komo βe ljama esto]
Wo ist ...?	¿Dónde está ...? [donde esta ...]
Können Sie mir helfen?	¿Podría usted ayudarme? [podria usted ajudarme]
ja	sí [βi]
nein	no [no]
Entschuldigen Sie.	Perdón. [perdon]
Das macht nichts.	No pasa nada. [no paβa nada]

Sightseeing

Gibt es hier eine Touristeninformation?	¿Hay por aquí cerca una información turística? [ai por aki θerka una imformaθjon turistika]
Ich möchte einen Stadtplan / ein Hotelverzeichnis.	¿Tiene un plano de la ciudad / una lista de hoteles? [tjene um plano de la θiudad / una lista de oteles]
Wann ist das Museum geöffnet?	¿Cuándo está abierto el museo? [kuando esta abjerto el muβeo]
Wann ist die Kirche / die Ausstellung geöffnet?	¿Cuándo está abierta la iglesia / la exposición? [kuando esta abjerta la igleβja / la espoβiθjon]
geschlossen	cerrado [θerrado]

Shopping

Wo gibt es ...?	¿Dónde hay ...? [donde ai]
Wie viel kostet das?	¿Cuánto cuesta? [kuanto kuesta]
Das ist zu teuer.	Es demasiado caro. [es demaβjado karo]
Das gefällt mir (nicht).	(No) me gusta. [(no) me gusta]
Gibt es das in einer anderen Farbe / Größe?	¿Tienen este modelo en otro color / otra talla? [tjenen este modelo en otro color / otra talja]
Ich nehme es.	Me lo llevo. [me lo ljevo]
Wo ist eine Bank?	¿Dónde hay un banco? [donde ai um banko]
Ich suche einen Geldautomaten.	Busco un cajero automático. [busko un kachero automatiko]
Geben Sie mir bitte 100 g Käse / zwei Kilo Pfirsiche.	Por favor, déme cien gramos de queso / dos kilos de melocotones. [por fawor deme θjen gramos de keβo / dos kilos de melokotones]
Haben Sie deutsche Zeitungen?	¿Tienen periódicos alemanes? [tjenen perjodikos alemanes]
Wo kann ich telefonieren?	¿Dónde puedo llamar por teléfono? [donde puedo ljamar por telefono]
Wo kann ich eine Telefonkarte kaufen?	¿Dónde puedo comprar una tarjeta telefónica? [donde puedo komprar una tarcheta telefonika]

Notfälle

Ich brauche einen Arzt / Zahnarzt.	Necesito un médico / un dentista. [neθeβito um mediko / un dentista]

Rufen Sie bitte einen Krankenwagen / die Polizei.	Por favor, llame una ambulancia / a la policía. [por fawor ljame a una ambulanθja / a la poliθia]
Wir hatten einen Unfall.	Hemos tenido un accidente. [emos tenido un agθidente]
Wo ist das nächste Polizeirevier?	¿Dónde está el puesto de policía más cercano? [donde esta el puesto de poliθia mas θerkano]
Ich bin bestohlen worden.	Me han robado. [me an robado]
Mein Auto ist aufgebrochen worden.	Me han abierto el coche. [me an abjerto el kotsche]

Essen und Trinken

Die Speisekarte, bitte.	La carta, por favor. [la karta, por fawor]
Brot	pan [pan]
Kaffee	café [kafe]
Tee	té [te]
mit Milch / Zucker	con leche / azúcar [kon letsche / aθukar]
Orangensaft	zumo de naranja [θumo de narancha]
Mehr Kaffee, bitte.	Más café, por favor. [mas kafe por fawor]
Suppe	sopa [βopa]
Fisch	pescado [peskado]
Meeresfrüchte	mariscos [mariskos]
Fleisch	carne [karne]
Geflügel	aves [awes]
Reis	arroz [arros]
Beilage	guarnición [guarniθjon]
vegetarische Gerichte	comida vegetariana [komida vechetarjana]
Eier	huevos [uewos]
Salat	ensalada [enβalada]
Dessert	postre [postre]
Obst	fruta [fruta]
Eis	helado [elado]
Wein	vino [bino]
weiß / rot / rosé	blanco / tinto / rosado [blanko / tinto / roβado]
Bier	cerveza [θerweθa]
Aperitif	aperitivo [aperitiwo]
Wasser	agua [agua]
Mineralwasser	agua mineral [agua mineral]
mit / ohne Kohlensäure	con / sin gas [kon / βin gas]
Limonade	gaseosa [gaβeoβa]
Frühstück	desayuno [deβajuno]
Mittagessen	comida [komida]
Abendessen	cena [θena]
eine Kleinigkeit	una cosita [una koβita]
Ich möchte zahlen.	La cuenta, por favor. [la kuenta por fawor]
Es war sehr gut / nicht so gut.	Estaba muy bueno / no tan bueno. [estaba mui bueno / no tan bueno]

Im Hotel

Ich suche ein gutes / ein nicht zu teures Hotel.	Busco un buen hotel / un hotel económico. [busko um buen otel / un otel ekonomiko]
Ich habe ein Zimmer reserviert.	Tengo una habitación reservada. [tengo una abitaθjon reßerwada]
Ich suche ein Zimmer für ... Personen.	Busco una habitación para ... personas. [busko una abitaθjon para ... perßonas]
Mit Dusche und Toilette.	Con ducha y wáter. [kon dutscha i water]
Mit Balkon / Blick aufs Meer.	Con balcón / vista al mar. [kon balkon / bista al mar]
Wie viel kostet das Zimmer pro Nacht?	¿Cuánto cuesta la habitación por noche? [kuanto kuesta la abitaθjon por notsche]
Mit Frühstück?	¿Con desayuno? [kon deβajuno]
Kann ich das Zimmer sehen?	¿Puedo ver la habitación? [puedo wer la abitaθjon]
Haben Sie ein anderes Zimmer?	¿Tienen otra habitación? [tjenen otra abitaθjon]
Es gefällt mir (nicht).	(No) me gusta. [(no) me gusta]
Kann ich mit Kreditkarte zahlen?	¿Puedo pagar con tarjeta de crédito? [puedo pagar kon tarcheta de kredito]
Wo kann ich parken?	¿Dónde puedo dejar el coche? [donde puedo dechar el kotsche]
Können Sie das Gepäck in mein Zimmer bringen?	¿Puede llevarme el equipaje a la habitación? [puede ljewarme el ekipache a la abitaθjon]
Haben Sie einen Platz für ein Zelt / einen Wohnwagen / ein Wohnmobil?	¿Les queda algún sitio libre para una tienda / una caravana / una autocaravana? [les keda algun βitjo libre para una tjenda / una karawana / una autokarawana]
Wir brauchen Strom / Wasser.	Necesitamos corriente / agua. [neθeβitamos korrjente / agua]

Register

Orts- und Sachregister

A Coruña 42ff.
A Guarda 95
A Toxa (La Toja) 90
Arenas de Cabrales 74
Asturien 12, 14, 73

Bable 15
Baiona 94
Baskenland 12, 14, 18, 53
Bemposta 97
Bermeo 66
Betanzos 85
Bilbao s. Bilbo
Bilbo 67
Braunbären 14, 41, 75
Buño 85

Cabo Fisterra 86
Cabo Vilán 85
Camariñas 85
Cambados 88
Camino de Santiago s. Jakobsweg
Cangas de Morrazo 93
Cangas de Onís 73
Carnota 87
Castillo de Javier 57
Castro de Coaña 19, 81
Castro Urdiales 68
Catoira 88
Cee 83
Celanova 98
Combarro 87
Comillas 71
Corcubión 86
Costa da Morte 85, 86
Costa Verde 80
Covadonga 75
Cudillero 80
Cueva de Altamira 17, 20, 69, 70
Cueva de las Monedas 42
Cueva de Santimamiñe 20, 66
Cueva del Buxu 20, 74
Cuevas de Puente Viesgo 42
Cuevas de Tito Bustillo 17, 20, 73

Desfiladero de la Hermida 72
Donostia 31ff.

El Castillo 42
Enol, Lago de 75
Ercina, Lago de 75
Ermita de Eunate 59
Estella 59
ETA 17, 18, 31
Euskera 15

Ferrol 83
Feste 23
Fisterra 86
Fuenterrabía s. Hondarribia
Fuente Dé 72

Galicien 12, 14
Gallego 15
Garganta de Cares 74
Gasteiz 64
Gernika 66
Getaria 36
Gijón 76
Guernica s. Gernika
Guggenheim-Museum, Bilbo 6 f., 67

Haro 62
Hío 93
Höhlenmalerei 20
Hondarribia 36
Hórreos 20, 87, 88

Iglesia de Cambre 46
Iglesia de Nora 80
Illa de Ons 90
Isla 69
Islas Cíes 94

Jakobsweg 10 f., 18, 19, 21, 57, 62, 86, 98

Kantabrien 12, 14, 68

La Rioja 12, 14, 26, 53
Laredo 68
Lastres 76
Llanes 73
Logroño 60
Los Ancares 14
Luarca 80
Lugo 19, 99

Malpica de Bergantiños 85
Mirador Camarmeña 75
Mirador El Cable 72
Monasterio de Caaveiro 84
Monasterio de Leyre 58
Monasterio de Monfero 85
Monasterio de Poio 92
Monasterio de Ribas de Sil 98
Monasterio de Suso 19, 62
Monasterio de Yuso 62
Monasterio San Salvador 98
Monasterio Santa María la Real de Oseira 19, 98
Mondoñedo 82
Monte de Santa Tecla 19, 95
Muros 87

Nájera 61
Navarra 12, 14, 53
Noia 87

Noja 69

O Grove 90
Olite 58
Ourense 96
Oviedo 19, 20, 77ff.

Padrón 88
Pamplona 22, 54ff.
Parque de Cabárceno 14, 41
Parque Nacional de Covadonga 14
Parque Natural de Gorbeia 9
Pazo de Oca 52
Picos de Europa 12, 13, 27, 29, 30, 72, 73, 75
Playa de Aguilar 80
Playa de los Catedrales 82
Poncebos 74
Pontedeume 84
Pontevedra 20, 92
Portomarín 98
Potes 72
Puente la Reina 59

Rapa das bestas 24, 92
Reconquista 17, 19, 21, 73, 75, 77, 74
Rías Altas 81
Rías Baixas 12, 16, 87
Ribadavia 96
Ribadeo 81
Ribadesella 73

San Andrés de Teixido 83, 84
San Julián de los Prados 19, 79
San Miguel de Lillo 19, 80
San Millán de la Cogolla 62
San Salvador de Valdediós 76
San Sebastián s. Donostia
San Vicente de la Barquera 71
Sangüesa 19, 57
Santa Comba de Bande 19, 98
Santa Eulalia de Bóveda 98
Santa María de Bendones 80
Santa María de Lebeña 19, 72
Santa María de Naranco 19, 79
Santander 37ff.
Santiago de Compostela 16, 19, 20, 21, 47ff.
Santillana del Mar 19, 69
Santo Domingo de la Calzada 62
Santoña 68
Santuario de Loyola 53

ShellGeoStar.de

Ihre Autoreise perfekt geplant

✓ **Routen planen**
✓ **Hotels buchen**
✓ **Interessante Tipps**
✓ **Fähren buchen**

www.ShellGeoStar.de
Ihr Online - Autoreiseplaner

Santuario de Nosa Señora da Barca 85
Santuario de San Juan de Gaztelugatxe 66
Sanxenxo 90
Sargadelos 82
Segeln 28
Serra da Capelada 83
Sidra (Apfelwein) 26
Sprachkurse 27
Surfen 28

Taramundi 81
Tolosa 53
Tui 20, 95

Unquera 72

Veranstaltungen 23
Vigo 93
Vilar de Donas 98
Villaviciosa 76
Vitoria s. Gasteiz
Viveiro 83

Wandern 27
Weine 16, 26, 60, 62, 84, 88, 96

Zarautz 36
Zumaia 36

Personenregister

Alfonso II el Casto 78, 79, 80
Alfonso III 96
Alfonso X der Weise 43
Alvarez, Miguel Ángel 20
Andrade, Fernán Peréz de 85
Andreas, hl. 84

Baroja y Nessi, Pío 22
Basken 15, 16, 17,, 22, 24
Bayeu, Francisco 49
Bazán, Emilia Pardo 21, 44

Carlos III el Noble 56, 58
Casas y Novoa, Fernando 48, 99
Castelao, Alfonso 51
Castro, Rosalía de 21, 51, 88
Cela, Camilo José 22, 88
Chillida, Eduardo 21
Churriguera, Joaquín 20
Clarín (Leopoldo Alas y Ureña) 22, 77

Domingo, hl. 62

Echagüe, Antonio Ortiz 33
El Greco 32, 36

Fontana, Carlo 54
Formet, Damian 62
Franco, Francisco 17, 18, 47, 66, 77
Frasinelli, Roberto 75

Gaudí, Antonio 71
Gehry, Frank 67
Goya, Francisco 36, 37, 55, 56, 92

Hemingway, Ernest 24, 55
Herrera, Juan de 85

Ignatius von Loyola, hl. 18, 53, 54

Jakobus, hl. 18, 21, 47, 49, 88
Juliana von Nikomedia, hl. 69, 70

Karl der Große 18
Kelten 17, 19, 20, 24, 95
Kolumbus, Christoph 18, 94

Martorell, Joan 71
Meister Mateo 48, 49

Naveira, Juan García 85

Olasagasti, Jesús 20

Palacios, Vaquero 78
Pelayo, Don 17, 73, 75
Pelayo, Marcelino Menéndez 39
Pelayo, Orlando 78
Picasso, Pablo 66
Pita, María 42, 43
Pompejus 54

Ramiro I 47
Rasines, Juan de 62
Riancho, Agustín 37
Römer 19, 37, 43
Rubens, Peter Paul 32

Sainz, Casimiro 37
Salces, Manuel 37
Sancho Ramírez 59
Sorolla, José 33
Souto, Arturo 99

Unamuno, Miguel de 22

Valle-Inclán, Ramón María del 21
Ventura, Rodríguez 56
Vicente, Paulino 78

Zuloaga, Ignacio 20, 36
Zunzunegui y Loredo, Juan Antonio de 22
Zurbarán, Francisco de 36

Zeichenerklärung

Unsere Preissymbole bedeuten:
Hotel (DZ):   ○○○   ab 90 €
           ○○   45 bis 90 €
           ○   unter 45 €

Restaurant (Menü):
    ○○○   ab 30 €
    ○○   15 bis 30 €
    ○   unter 15 €

**Polyglott im Internet: www.polyglott.de,
im Shell GeoStar unter www.ShellGeoStar.com,
im Travel Channel unter www.travelchannel.de**

Alle Informationen stammen aus zuverlässigen Quellen und wurden sorgfältig geprüft. Für ihre Vollständigkeit und Richtigkeit können wir jedoch keine Haftung übernehmen.
Ergänzende Anregungen bitten wir zu richten an:
Polyglott Verlag, Redaktion, Postfach 40 11 20, 80711 München.
E-Mail: redaktion@polyglott.de

Impressum

Herausgeber: Polyglott-Redaktion
Autor: Tobias Büscher
Bearbeitung: Dr. Karin Friedlmaier
Layout: Ute Weber, Geretsried
Karten und Pläne: Annette Buchhaupt
Titeldesign-Konzept: Independent Medien-Design
Satz: Tim Schulz, Dagebüll
Satz Special: Carmen Marchwinski, München

Erste Auflage 2002
© 2002 by Polyglott Verlag GmbH, München
Printed in Germany
ISBN 3-493-58809-7
Dieses Buch wurde auf chlorfrei gebleichtem Papier gedruckt.

Das unverwechselbare Polyglott-Sternchensystem

*** eine eigene Reise wert   ** einen Umweg wert   * sehr sehenswert

- *** Santiago de Compostela (S. 47)
- *** Cueva de Altamira (S. 69)

- ** Donostia/San Sebastián (S. 31)
- ** Paseo de la Concha (S. 34)
- ** El Cristo, Santander (S. 39)
- ** Parque de Cabárceno (S. 41)
- ** Cuevas de Puente Viesgo (S. 42)
- ** Galerías, A Coruña (S. 43)
- ** Aquárium, A Coruña (S. 45)
- ** Museo de las Ciencias, A Coruña (S. 45)
- ** Iglesia de Cambre (S. 46)
- ** Olite (S. 58)
- ** Museo Guggenheim, Bilbo/Bilbao (S. 67)
- ** Santillana del Mar (S. 69)
- ** Picos de Europa (S. 72)
- ** Mirador von Fuente Dé (S. 72)
- ** Garganta de Cares (S. 74)
- ** Lago de Enol (S. 75)
- ** Santa María de Naranco (S. 79)
- ** San Miguel de Lillo (S. 80)
- ** Mondoñedo (S. 82)
- ** Betanzos (S. 85)
- ** Costa da Morte (S. 85)
- ** Museo Provincial, Pontevedra (S. 92)
- ** Keltensiedlung auf dem Monte de Santa Tecla (S. 95)
- ** Tui (S. 95)
- ** Kreuzgang von San Francisco, Ourense (S. 97)
- ** Römische Stadtmauer, Lugo (S. 99)

Die Nordspanische Atlantikküste im Internet

www.tourspain.es
www.asturdata.es
www.euskadi.net
www.bilbao.net
http://turismo.cantabria.org
www.turgalicia.es

www.aena.es
www.esplaya.com
www.parador.es
http://home.t-online.de/home/compostela/jakobus.htm

Der Autor

Tobias Büscher

studierte in Gießen und Madrid Geschichte, Politik, Spanisch und Journalismus. Seither arbeitete er für verschiedene Zeitungen und publizierte mehrere Reiseführer, u. a. über Madrid, Galicien und die Pyrenäen. Heute lebt er als Autor, Lektor und Fotograf in Köln.